Glückskinder

Sabine Groth

Glückskinder

Sprechen, Zuhören, Verstehen – damit Ihr Kind ein Glückskind wird

OberstebRink
Eltern-Bibliothek

Die Oberstebrink Eltern-Bibliothek

Die Oberstebrink Eltern-Bibliothek bietet Lösungen für die wichtigsten Eltern-Probleme und gibt Antworten auf die häufigsten Eltern-Fragen. Von Experten, die in ihrem Fachgebiet auf dem neuesten Wissensstand sind und in ihrer Praxis täglich Eltern beraten und Kinder behandeln. Die Bücher der Oberstebrink Eltern-Bibliothek werden von Kinder- und Jugendärzten, Hebammen, ErzieherInnen, LehrerInnen und Familien-TherapeutInnen laufend eingesetzt und empfohlen. Eltern schätzen diese Ratgeber besonders, weil sie leicht verständlich sind und sich alle Ratschläge einfach und erfolgreich in die Tat umsetzen lassen. Eine Übersicht über alle Titel finden Sie am Ende dieses Buches.

1. Auflage, 2008

Fotos: gettyimages, kunterbunt (Heidi Velten)
Gestaltung: magellan, düsseldorf
Satz und Herstellung: Aalexx Druck GmbH
printed in Germany 2008
Verlag: Oberstebrink Verlag GmbH
Kalkumer Schloßallee 35 · 40489 Düsseldorf
Tel.: 0211 / 51 36 56-0 · Fax: 0211 / 51 36 56-12
e-mail: verlag@oberstebrink.de
www.oberstebrink.de
Vertrieb: Cecilie Dressler-Verlag GmbH
Poppenbütteler Chaussee 53 · 22397 Hamburg
ISBN: 978-3-934333-38-3

Danke

Ich bedanke mich von ganzem Herzen bei

... *Werner Eberwein*, der mir (neben vielem anderen) die Methoden der gewaltfreien Kommunikation und die Kunst der Hypnose ans Herz legte.
... *Monika Kittler* für ihre heilenden homöopathischen Mittel.
... den kompetenten Fachfrauen und Freundinnen *Anke Fellmann, Anke Hahn, Kerstin Höchst* und *Ingrid Riedel*, die das Manuskript lasen und mir hilfreiche Anregungen gaben.
... meinen Eltern, die mich bei allem, was ich tat, unterstützten,
... meiner Schwester, der besten Zuhörerin, die ich kenne,
... meinen Kindern, die mir große Lehrer sind – und bei meinem Mann Willi für ... (das steht auf einem anderen Blatt).

Liebe Eltern

„Ich habe einen Traum ...“ *(Martin Luther King)*

Stellen Sie sich vor, in Ihrer Familie sprechen alle respektvoll, offen und aufrichtig miteinander. Alle Gefühle dürfen ausgedrückt werden, ohne andere dabei zu demütigen oder zu verletzen. Alle Familienmitglieder sind in der Lage, selbst ihre Bedürfnisse zu äußern und klar um das zu bitten, was sie sich wünschen. Wenn einer etwas sagt, hören die anderen einfühlsam zu, ohne das Gesagte zu bewerten, ungebetene Ratschläge zu erteilen oder Predigten zu halten. Hat jemand ein Problem, werden ihm Zeit, Klarheit und ein verständnisvolles, offenes Ohr angeboten. Die Verantwortung und das Vergnügen über die eigenständige Lösung eines Problems werden jedoch dem Betroffenen selbst überlassen.

Und stellen Sie sich vor, Sie haben die Fähigkeit, Ihrem Kind Botschaften mit auf den Lebensweg zu geben, die Ihr Kind stärken, ihm Mut machen und die es darin unterstützen, sich zu einem gesunden, selbstbewussten Menschen zu entwickeln – zu einem wahren Glückskind.

Ein Traum? Ja – aber einer, den Sie sich mit Ihrem Partner und Ihren Kindern erfüllen können. Sie können eine respektvolle und offene Kommunikation mit Leichtigkeit lernen. Auch ich habe sie erlernt – und lerne täglich neu dazu.

Nachdem ich festgestellt hatte, dass einige meiner Aufforderungen keinerlei Wirkung zeigten, manche Botschaften gar das Gegenteil von dem bewirkten, was ich eigentlich wollte und ich immer wieder demütigende Äußerungen in Schulen und auf Spielplätzen hörte, machte ich mich auf die Suche nach positiven Botschaften und einer respektvollen Sprache im Umgang mit Kindern. Ich traf auf großartige und kompetente Lehrer, die mich u. a. in die Kunst der gewaltfreien Kommunikation und der Hypnose einweihten. Sie gaben mir Botschaften mit auf den Weg, die mich stärkten, heilten und darin unterstützten, mein Glück stets in die eigenen Hände zu nehmen. Ich durfte erleben, dass nicht die Tatsachen selbst das Leben schwer oder schön machen, sondern unsere Bewertung der Tatsachen.

Diese wunderbare Erfahrung wollte ich mit vielen Eltern teilen, denn wir alle wünschen uns, dass sich unsere Kinder zu Glückskindern entwickeln – zu Kindern, die gut für ihr eigenes Wohlergehen sorgen können und die in der Lage sind, das Glück, das ihnen im Leben geschenkt wird, mit Dankbarkeit und Freude zu genießen.

Sie werden viele Ideen und Beispiele in diesem Buch finden, die Sie zu einer neuen Sprache im Umgang mit Ihrem Kind anregen. Alle vorgeschlagenen Kommunikationsmethoden sind jedoch nur dann erfolgreich, wenn Sie Ihr Herz sprechen lassen und auf Ihr eigenes Gefühl vertrauen. Denn Sie kennen Ihr Kind selbst am allerbesten. Letztendlich sind alle Bücher, Experten und Kurse nur hilfreich, wenn sie den Weg zum eigenen Herzen weisen.

Wir alle brauchen Unterstützung und Anregungen, um das Abenteuer „Familie“ zu bewältigen, um unser eigenes Glück zu pflegen und um gesunde und glückliche Kinder großzuziehen.

Mit diesem Buch möchte ich Ihnen Mut machen und Ihnen Inspiration, Begeisterung und viele gute Botschaften mit auf den Weg geben.

Ihre

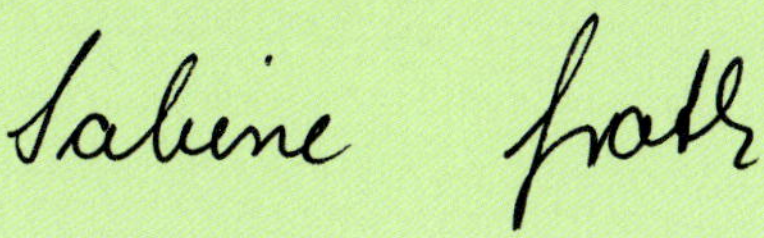

Inhalt

1

Die Zauberkraft der Sprache entdecken

„Erziehung ist Beziehung."

(*Martin Buber,* Religionsphilosoph)

Es kommt auf die Wahl unserer Worte an

„Ich kann das nicht. Meine Mutter sagt immer, ich bin genauso dumm in Mathe wie sie." erklärt mir die achtjährige Lena unter Tränen, als sie für die Mathematikaufgabe keine Lösung findet. Auf der Heimfahrt geht mir dieser Satz nicht mehr aus dem Kopf - und ich versuche mich in Lena hineinzuversetzen, als sie die Sätze hörte: „Das kannst du nicht!" und „Du bist genauso dumm in Mathe wie ich." Ich fühle mich augenblicklich hilflos, verletzt und niedergeschlagen. In dieser Verfassung fiele es mir schwer, selbst die leichtesten Aufgaben zu lösen. Ich begänne grundsätzlich an meiner Fähigkeit zu zweifeln, etwas zu lernen, das ich noch nicht kann - ein kleines dummes Mädchen, das von seiner Mutter nicht die Chance erhält, eigene, andere Erfahrungen in bestimmten Lebensbereichen zu machen. Kein Wunder, dass Lena Mathematik keinen Spaß macht.

Bereits mit einem einzigen Satz haben wir die Macht, die Gedanken und Gefühle unserer Kinder zu beeinflussen. Den meisten von uns ist allerdings nicht bewusst, dass wir mit den Botschaften, die wir tagtäglich aussenden, einen so großen Einfluss auf das Wohlergehen unserer Kinder ausüben. Mit unseren Worten und unserer Sprache haben wir die Möglichkeit, Kinder in ihrem Selbstwertgefühl zu schwächen – oder aber sie zu stärken und ihnen positive Vorstellungen von sich und der Welt mit auf den Lebensweg zu geben.

Das Wissen um die Zauberkraft der Sprache haben sich bereits seit langem gute Therapeuten und die Werbung zunutze gemacht. In der Erziehung und im Umgang mit Kindern wird der Sprache aber noch viel zu wenig Beachtung geschenkt. Während noch meine Eltern davon berichten, dass sie in ihrer Schulzeit mit dem Rohrstock geschlagen wurden, ist es heute zumindest in den öffentlichen pädagogischen Einrichtungen eine Selbstverständlichkeit, dass Kinder nicht mehr geohrfeigt oder geschlagen werden. Was sich allerdings noch nicht genug herumgesprochen hat, ist die Tatsache, dass wir Kinder mit Worten mindestens ebenso verletzen, demütigen und ihnen schaden können wie mit Schlägen. Häufig werden Kindern Dinge gesagt, die wir uns selbst im schlimmsten Streit nicht trauen würden, einem Erwachsenen zu sagen. Und wenn wir das doch tun, ist danach die Beziehung meist zerrüttet. Aber Sie brauchen nur auf einen Spielplatz, in eine Schule oder in einen Kindergarten zu gehen – und schon werden Sie Sätze wie diese hören: *„Bei dir ist Hopfen und Malz verloren."* • *„Du bist vielleicht ein Zicke ... ein Dummerchen ... ein Vielfraß ... eine Nervensäge !"* • *„Sag mal, hast du sie noch alle?"* • *„Du bist wohl völlig übergeschnappt?"* • *„Du bist so egoistisch!"* • *„Michael ist richtig faul. Das hat er von seinem Vater."*

Mit diesen Sätzen wird noch immer eine ganze Generation von Kindern großgezogen, von der wir uns doch eigentlich wünschen, dass sie einen respektvollen, offenen und einfühlenden Umgang miteinander lernt. Das gemeinsame Ziel fast aller Eltern und Pädagogen ist es heute, Kinder in ihrer Entwicklung zu selbstbewussten und respektvollen Menschen zu unterstützen. Nur über die Art und Weise, wie wir dieses Ziel erreichen, herrscht noch weitgehend Unsicherheit und vor allem Unwissenheit.

Das Verhalten unserer Kinder wird neben unserer Vorbildfunktion am stärksten von der Wahl unserer Worte beeinflusst. Es sind unsere Botschaften, die das Selbstbild eines Kindes und seine Vorstellungen von der Welt stark prägen. Und es sind unsere Einstellungen und unsere geistige Haltung, die hinter unseren Worten stehen, die aus unseren Kindern unzufriedene oder lebensbejahende und fröhliche Menschen machen.

Positive Botschaften, die Kinder in ihrem Selbstwertgefühl stärken, können mit Leichtigkeit zu jeder Zeit und an jedem Ort vermittelt werden. Ihre stärkende Wirkung entfalten sie sofort. Positive Botschaften sind wie Samen, die in der Psyche eines Kindes weiterkeimen und sein Selbstbild und somit auch sein Verhalten beeinflussen.

Sie können sich sicher leicht vorstellen, dass ein Kind, das häufig abwertende Bemerkungen hört, ein ganz anderes Gefühl zu sich selbst entwickelt als ein Kind, das oftmals folgende Botschaften hört: *„Du schaffst es!"* • *„Du kannst es!"* • *„Du bist genau richtig, wie du bist!* • *„Du bist ein Glückskind!"*

Mit Ihren Botschaften haben Sie Einfluss darauf, worauf Ihr Kind seine Aufmerksamkeit lenkt und wie es seine Erfahrungen interpretiert. So wird zum Beispiel ein Kind, das von sich glaubt, es sei ein Glückskind, die Aufmerksamkeit auf die positiven Ereignisse in seinem Leben lenken. Es wird Situationen eher darauf untersuchen, ob hier sein Glück im Spiel ist, als ein Kind, dem immer wieder nach einem Missgeschick gesagt wird: *„Du bist aber auch ein Pechvogel!"* Mit Ihren Aussagen schicken Sie Ihr Gegenüber immer gedanklich auf eine Reise. Wählen Sie also bewusst ein positives Reiseziel.

Was sage ich nun also tatsächlich in den unterschiedlichen und oft auch immer wiederkehrenden Situationen im Alltag mit Kindern? Welche Botschaften gebe ich Kindern mit auf den Lebensweg? Was sage ich genau, wenn ich mich über mein Kind ärgere, meine Wertschätzung und Liebe ausdrücken möchte oder wenn ich mir über sein Verhalten Sorgen mache?
Meine Erfahrung ist, dass ich in vielen Situationen – insbesondere wenn sie mit Stress, Angst oder Ärger verbunden sind – auf das Altbewährte zurückgreife. Ich sage also genau die Sätze, die ich selbst von meinen Eltern, Erziehern oder Lehrern gehört habe und von denen ich oftmals dachte: *„So etwas werde ich meinen eigenen Kindern nie sagen!“* Meist ist es aber genau dieser Satz, der mir dann in den Sinn und über die Lippen kommt.
Der erste Schritt war daher für mich, ein Bewusstsein für meine eigene Sprache und die Botschaften, die ich täglich aussende, zu entwickeln. Der zweite Schritt war, mich auf die Suche nach neuen Wahlmöglichkeiten zu machen, sodass ich in der nächsten Situation auf eine neue Botschaft oder einen neuen Satz zurückgreifen konnte. So habe ich meinen Wort-Schatz Stück für Stück erweitert und habe eine wahre Schatzkiste mit positiven Botschaften und Sätzen gesammelt, die ich nun mit Ihnen teilen möchte.
Das Karten-Set am Ende dieses Buches enthält viele positive Botschaften. Und in Kapitel 5 finden Sie viele konkrete Formulierungsbeispiele für Sätze, die sie Kindern in den verschiedensten Situationen sagen können.
Ich möchte Sie nun dazu einladen, Ihr Bewusstsein für Ihre eigenen Botschaften zu schärfen. Schon während der Lektüre dieses Buches werden Sie feststellen, dass Sie sich Ihrer Äußerungen bewusster werden und dass Sie neue Möglichkeiten der Kommunikation ausprobieren. Sie werden bemerken, dass Sie respektvoller, offener und einfühlsamer mit Ihren Kindern sprechen.

Kapitel 1: Das Wichtigste in Kürze

- Unsere Äußerungen haben die Macht, die Gedanken und Gefühle unserer Kinder zu beeinflussen.
- Mit unseren Worten schicken wir Kinder gedanklich und emotional auf eine Reise. Wählen Sie daher bewusst ein positives Reiseziel.
- Auch Sie können jederzeit mit Leichtigkeit die Zauberkraft der Sprache anwenden.

<u>Botschaft an Sie als Eltern:</u>

Es geht! Und Sie können es!

2

Die Ziele und Werte hinter Ihren Botschaften

„Die Seele hat kein Alter. Wenn wir etwas tief und vollkommen lieben, lieben wir die Essenz, das eigentliche Wesen. Und das altert nicht..“

(Isabel Allende)

Welche Einstellung haben Sie zu Kindern?

Ihre Einstellung gegenüber Kindern hat großen Einfluss darauf, wie Sie mit Kindern sprechen und welche Botschaften Sie ihnen mit auf den Weg geben. Gleich zu Beginn möchte ich Sie daher zu einer kurzen, einfachen Übung einladen. Diese Übung wird Ihnen Ihre eigene Einstellung zu Kindern bewusster machen.

Elternaufgabe

Erinnern Sie sich an eine Situation, in der Ihr Kind etwas getan hat, das Ihnen nicht gefallen hat. Bitte beschreiben Sie hier kurz die Situation und das Verhalten Ihres Kindes..

____

____

____

Was haben Sie zu Ihrem Kind gesagt?

____

____

____

Stellen Sie sich nun vor, dass eine Person bei Ihnen zu Gast ist, die Sie bewundern und besonders schätzen. Sie beobachten nun, dass diese Person aus unerfindlichen Gründen genau das tut, was Ihnen schon bei Ihrem Kind nicht gefallen hat. Was sagen Sie zu dieser Person, die Sie so respektieren?

____

____

____

Unterscheiden sich Ihre Äußerungen gegenüber Ihrem Kind und der bewunderten Person? Wenn ja, dann geht es Ihnen wie vielen anderen Eltern auch.

Dahinter steht meist die Tendenz, ein Kind in die Schublade „Kind“ zu stecken und es nicht als Menschen zu betrachten, der ein ebenso großes Bedürfnis nach Respekt, Anerkennung und Verständnis hat wie wir. Die meisten von uns sind mit einer Sprache aufgewachsen, die uns ermuntert, andere in Schubladen zu stecken, zu vergleichen und zu fordern – anstatt wahrzunehmen, was wir fühlen und was wir brauchen.
Doch warum sollten wir ein Kind anders behandeln, nur weil es zwischen uns Unterschiede hinsichtlich des Alters, der Sprache oder des Wissensstandes gibt? Schließlich behandeln die meisten von uns einen Erwachsenen, der unsere Sprache nicht richtig beherrscht und einen anderen Bildungshintergrund hat, auch nicht mit weniger Respekt.
Was wir allerdings tun können ist, dass wir unsere Sprache dem Kind anpassen. Wir sprechen mit einem Kind so, dass es uns versteht. Wir verwenden ein entsprechendes Vokabular, bilden keine Bandwurmsätze und versuchen uns möglichst einfach, klar und deutlich auszudrücken. Wenn also ein Kind beispielsweise zu mir sagt: *„Nein, das mache ich nicht.“*, dann frage ich nicht: *„Ist dein Bedürfnis nach Autonomie nicht erfüllt?“* sondern ich frage es: *„Möchtest du selbst entscheiden, wann du es tust?“* In der Regel erhalte ich die Antwort *„Ja.“*

Ich erinnere mich noch genau an eine Unterrichtsstunde, in der ein achtjähriger Junge zu spät zum Unterricht kam. Die unterrichtende Lehrerin ließ ihn vor die Klasse treten und brüllte los: „Ah, der Herr Michael hält es nicht für nötig, pünktlich zum Unterricht zu erscheinen. Wollte der Herr noch etwas länger im Bett bleiben? (bedrohliches Schweigen) Was bildest du dir eigentlich ein? (wieder Schweigen) Meinst du, du kannst hier machen, was du willst? Setz dich jetzt hin. Ich will heute nichts mehr von dir hören!“
Michael kämpfte mit den Tränen und ging dann mit hängenden Schultern zu seinem Platz. Später erzählte er mir, dass seine Mutter krank war und er von seiner Großmutter, die Schwierigkeiten beim Laufen hat, in die Schule gebracht worden war. Glauben Sie, diese Lehrerin hätte jemals einen Freund oder Kollegen mit solchen Worten empfangen, wenn er sich verspätet hätte? Sie hätte sich sicherlich zumindest seine Erklärung angehört.

Diese Übung zeigt, dass wir – ich schließe mich da nicht aus – Kindern oft nicht annähernd so viel Verständnis und Respekt entgegenbringen wie Erwachsenen. Ich selbst ertappte mich schon dabei, wie ich einen Nachbarn freundlich um die Rückgabe eines geliehenen Buches bat, während ich ein Kind in einer ähnlichen Situation mit den Worten maßregelte: *„Du solltest lernen, verliehene Dinge unaufgefordert zurückzugeben!"* Als ich das erkannt hatte, beschloss ich, das zu ändern und Kinder von nun an mit dem gleichen großen Respekt zu behandeln wie eine von mir geschätzte erwachsene Person. Können Sie sich vorstellen, wie sich die Beziehung zu Ihrem Kind verändert, wenn Sie ihm ab sofort genauso viel Respekt entgegen bringen wie einem Erwachsenem, den Sie besonders schätzen und bewundern?

Hinter dem Mangel an Respekt und Wertschätzung gegenüber Kindern steckt meist die weit verbreitete Auffassung, dass Erwachsene das Verhalten von Kindern kontrollieren und ihnen Grenzen setzen müssen. Warum sollten wir Kindern jedoch andere Grenzen setzen als einem Erwachsenen? Wir setzen anderen Menschen, egal ob groß oder klein, eine Grenze, wenn wir uns sorgen, dass unsere Bedürfnisse nicht erfüllt werden oder uns selbst oder anderen Gefahr droht. Meine beiden Kinder haben beispielsweise mit Vorliebe den Schrank geöffnet, in dem wir die Reinigungsmittel aufbewahren. Ich konnte hundert Mal und in den verschiedensten Tonlagen sagen: *„Nein, diesen Schrank darfst du nicht öffnen!"* Ich konnte Konsequenzen ankündigen und folgen lassen. Aber meine Kinder öffneten ihn trotzdem. Ich beobachtete eher das Gegenteil. Je öfter ich das Verbot aussprach den Schrank zu öffnen, desto größer schien die Faszination zu werden, die der Schrank auf sie ausübte. Ich hatte also trotz des Einsatzes von Strafen, Belohnungen oder anderen Konsequenzen letztlich keine Kontrolle darüber, was meine Kinder taten. Worüber ich allerdings die Kontrolle hatte, war der Küchenschrank. Ich befestigte eine Kindersicherung an der Schranktür und erlebte, wie ich mein Bedürfnis, das Wohl meiner Kinder zu sichern, auf entspannte Weise erfüllen konnte. Das Verhalten unserer Kinder können wir nicht kontrollieren. Was wir allerdings häufig kontrollieren können, ist ihre Umgebung.

Wenn Erziehung zum Machtkampf wird

Als ich mein Referendariat in der Lehrerausbildung an einer Berliner Schule begann, war einer der ersten gutgemeinten Ratschläge, die ich von einem Kollegen erhielt: *„Du darfst dir von den Schülern nicht auf der Nase herumtanzen lassen! Du musst ihnen von Anfang an zeigen, wer der Herr im Haus ist!"*

Jedes Eingehen auf die Wünsche der Kinder und Jugendlichen, jede Kompromisslösung wurde von diesem Kollegen als Schwäche des Lehrers und Disziplinschwierigkeit ausgelegt. Mir schwebte jedoch eine ganz andere Form des Umgangs mit Kindern vor. Ich wollte einen guten Kontakt zu den Schülern aufbauen, der auf gegenseitiger Anteilnahme, auf Respekt, beidseitigem Interesse und dem gemeinsamen Wunsch etwas gemeinsam zu lernen, basierte. Glücklicherweise wurden meine Lehrjahre keine Herrenjahre. Ich durfte die Erfahrung machen, dass es sehr wohl möglich ist, ein vertrauensvolles, inniges Verhältnis zu Kindern aufzubauen ohne meine „Autorität" oder „Macht" dabei zu verlieren.

Das lag sicherlich unter anderem an der Tatsache, dass ich mich für viele Themen, die ich unterrichtete, von ganzem Herzen begeistern konnte. Es gab jedoch auch Lehrinhalte, die mich beim besten Willen nicht interessierten und deren lebensbereichernde Funktion ich nicht erkennen konnte. Hier bekam ich Schwierigkeiten, denn einige Schüler reagierten gelangweilt, mit Desinteresse oder Störungen im Unterricht. Ich probierte die klassische Variante, die mir empfohlen wurde: mit Zuckerbrot und Peitsche. Ich versuchte also die Schüler mit Lob oder mit Strafe zu etwas zu motivieren, zu dem sie (genau wie ich) offensichtlich keine Lust hatten – und es funktionierte, so wie es bei mir selbst als Kind funktioniert hat. Ich ahnte jedoch, dass der Preis für das erwünschte Verhalten hoch war. Denn immer, wenn ich bekommen hatte, was ich wollte, wenn ich ihnen meinen Wunsch, mir zu gehorchen aufgezwungen hatte, verhielten sich die Kinder und Jugendlichen mir gegenüber hinterher so, dass ich mir gewünscht habe, ich hätte sie nicht dazu gebracht. Das war eine demütigende Lektion für mich als Lehrerin und als Mutter. Doch wenn ich es genau betrachtete, war mir dieses Phänomen nicht neu. Ich erlebte es in allen meinen Beziehungen, angefangen von meinem Partner, über Freunde bis hin zu meinen Kollegen. Wenn ich jemanden dazu brachte, etwas zu tun, das nur meine Bedürfnisse erfüllte, aber die des anderen nicht berücksichtigte,

war die Beziehung im Nachhinein immer belastet. Und auch umgekehrt konnte ich beobachten, dass eine Beziehung darunter litt, wenn mir der Wille eines anderen aufgezwungen wurde und ich entgegen meinen eigenen Wünschen und Vorstellungen gehandelt hatte. Mein Ziel wurde es daher, Beziehungen zu Kindern aufzubauen, in denen die Bedürfnisse aller berücksichtigt werden und deren Basis Offenheit und Mitgefühl ist.
Wie oft wir dazu neigen, Erziehung mit Machtspielen zu verwechseln, zeigen folgende zwei Beispiele:

Kürzlich beobachtete ich in einem Cafe folgende Situation: Eine junge Mutter saß mit ihrer etwa einjährigen Tochter und ihrer Freundin am Nachbartisch. Das kleine Mädchen trug, obwohl der Raum gut beheizt war, ein rosa Wollmützchen, das es offensichtlich nicht mochte. Es zog und zerrte daran und wollte es unbedingt immer wieder vom Kopf holen. Die Mutter setzte dem Mädchen daraufhin immer wieder die Mütze auf. Die Freundin beobachtete das Schauspiel eine Weile, bis das Kind laut anfing zu schreien und nun gar keine Unterhaltung mehr möglich war. Sie stellte daraufhin die Frage, die auch mir auf der Zunge lag: „Warum lässt du sie die Mütze nicht einfach absetzen?“ Sie erhielt als Antwort: „Sie soll lernen, dass sie im Winter eine Mütze tragen muss.“
Als die Freundin einwendete: „Aber es ist doch warm genug hier.“ Erhielt sie von der Mutter die Antwort: „Hier geht es ums Prinzip.“ Damit war das Thema abgeschlossen.
Anstelle „Hier geht es ums Prinzip.“ hätte die Mutter ebenso sagen können: „Hier geht es um die Macht.“ Hier ging es darum, wer seinen Willen durchsetzt und dem anderen aufzwingt und wer zu gehorchen hat. Das Kind sollte eigentlich die Lektion lernen: Du tust, was ich dir sage! Erziehung wird hier als Machtkampf betrachtet und artet mit größter Wahrscheinlichkeit auch in einen solchen aus.

Ein weiteres Beispiel für die Verwechslung von Erziehung und Machtkampf ist die Aussage einer Hebamme zu einer Freundin, die Probleme mit dem Stillen ihres fünf Wochen alten Babys hatte. Das Baby schrie sehr häufig und wollte offensichtlich gern öfter gestillt werden. Meine Freundin hielt sich allerdings an den Rat der Hebamme, ihr Kind nur alle drei Stunden zu stillen (Eine Auffassung, die heute von vielen Hebammen nicht mehr geteilt wird. Heute steht glücklicherweise das „Stillen nach Bedarf“ im Vordergrund). Die Hebamme gab meiner Freundin den Rat, das Kind auf keinen Fall vor den drei Stunden an die Brust zu lassen. Sie gab

dafür folgende Begründung: „Wenn du ihm jetzt nachgibst, dann wird er mit dir später machen, was er will..“
Diese Hebamme vertrat die Ansicht, dass bereits von den ersten Lebenstagen an ein Machtkampf mit dem Kind auszufechten ist. Sie interpretierte das Schreien als Ausdruck des Babys, seinen Willen durchzusetzen, anstatt das Schreien als Ausdruck eines Bedürfnisses (wie Nahrung, Schlaf, Kontakt oder Wärme) von einem hilflosen Säugling zu betrachten. Was für eine anstrengende Vorstellung, die nächsten zwanzig Jahre in einen Machtkampf mit dem eigenen Kind verwickelt zu sein!

Tipp:

Verwechseln Sie Erziehung nicht mit Machtkampf. Bauen Sie stattdessen eine respektvolle, aufrichtige Beziehung zu Ihrem Kind auf.

Trotz allem ist es mitunter für Eltern, Lehrer, Erzieher und alle anderen, die mit Kindern und Jugendlichen arbeiten und leben, unumgänglich, Macht auszuüben, um das eigene Wohl oder das Wohl des anderen zu schützen. Wenn die unmittelbare Gefahr der Verletzung oder Schädigung von Menschen oder Eigentum besteht und keine Zeit bleibt, sich über die Angelegenheit zu verständigen, kann es notwendig werden, Macht in einem beschützenden Sinn auszuüben. Wenn beispielsweise Ihr kleines Kind unvermittelt seinem Ball, der auf die Straße gerollt ist, hinterher rennt, bleibt Ihnen keine Zeit, ein Gespräch zu beginnen, eine Bitte zu formulieren und diese dann zu erläutern, indem sie auf die Gefahren im Straßenverkehr hinweisen. In so einem Moment werden Sie Ihr Kind selbstverständlich mit einem festen Griff zurückhalten und es davor schützen, vor ein Auto zu laufen. Eine Erklärung können Sie immer noch geben, wenn die Gefahr vorüber ist.
Wenn wir Macht als Schutz einsetzen, ist es nicht unsere Absicht, anderen unseren Willen aufzuzwingen oder um sich selbst als der Stärkere zu fühlen. Unser Ziel ist es dann, das Wohl und die Gesundheit von uns und anderen zu schützen, ohne dabei eine andere Person zu beurteilen oder gar zu verurteilen. Wir beschuldigen oder verurteilen das Kind nicht, das auf die Straße läuft. Wir tadeln es weder laut noch im Stillen und wir verurteilen uns auch nicht selbst, bei der Verkehrserziehung versagt zu haben. Wir richten unsere Gedanken

einzig und allein auf den Schutz des Kindes vor Gefahr. Nicht weniger, aber auch nicht mehr.

Neben der schützenden Anwendung von Macht, gibt es auch den strafenden Einsatz von Macht. Die bestrafende Anwendung von Macht hat zum Ziel, Menschen für ihre scheinbaren Missetaten leiden zu lassen. Zur strafenden Machtausübung gehört meist ein körperlicher oder seelischer Angriff, wie z. B. dem Kind eine Ohrfeige zu geben oder es mit Worten zu verletzen: *„Wie konntest du nur so blöd sein! Du solltest dich schämen!“*

Strafaktionen basieren auf dem Glauben, dass Menschen etwas Unerwünschtes tun, weil sie böse, egoistisch oder verantwortungslos sind. Um das zu ändern, muss man sie mit einer Strafe zur Reue und Besserung bewegen. Man lässt die Übeltäter durch Strafen so lange leiden, bis sie ihre Fehler erkennen, diese bereuen und daraufhin ihr Verhalten verändern.

Wenn es unser Ziel ist, eine Beziehung zu unserem Kind aufzubauen, deren Basis Offenheit und Mitgefühl ist, können wir nur die schützende Form von Macht anwenden. Um das Verhalten unseres Kindes zu beeinflussen, ist die strafende Anwendung unserer Macht nicht geeignet.

Die Gefahren von Lob und Strafe

Bestrafung und Belohnung sind die am weitesten verbreiteten Erziehungsmethoden, die Eltern, Lehrer und Erzieher einsetzen, um das Verhalten von Kindern zu manipulieren und zu verändern. In den Buchhandlungen finden Sie unzählige pädagogische Ratgeber, deren Tenor ist: Durch Lob fühlt sich ein Kind angenommen und geliebt, durch Strafen abgelehnt. Hier wird die Belohnung als angemessenes Erziehungsmittel empfohlen, wohingegen Strafe abgelehnt wird.

Doch Belohnung und Strafe gehören zum gleichen System, nämlich zu einem System, dem die Vorstellung von „verdienen“ zugrunde liegt. Jemand, der gut ist, der sich so verhält, wie wir es uns wünschen, hat es verdient, belohnt zu werden, und wer schlecht ist, sich also nicht unseren Vorstellungen entsprechend verhält, verdient es, bestraft zu werden.

Strafen werden von Eltern und Pädagogen oft mit der Begründung eingesetzt, dass sie keine andere Möglichkeit sehen, ihre Kinder dazu zu bringen, das zu tun, was gut für sie ist. Da ich selbst täglich mit Kindern arbeite und meine beiden eigenen Kinder großziehe, habe ich tiefes Verständnis dafür, dass die Verlockung einer schnellen Verhaltensänderung durch eine Strafe groß ist. Doch der Preis, den wir und unsere Kinder für eine Strafe zahlen, ist hoch. Zu hoch, wie ich finde. Wenn ein Kind nur etwas tut oder nicht tut, um einer Strafe zu entgehen, geht der Sinn, der hinter der Strafe steht, verloren. Das Wichtigste, das Sie Ihrem Kind in diesem Moment mit auf den Weg mitgeben wollen, kann das Kind nicht mehr erkennen. Wenn sich ein Kind also nur deshalb morgens die Zähne putzt, weil es Angst hat, sonst beschimpft, beschuldigt oder lächerlich gemacht zu werden, dann wird ihm der Sinn des Zähneputzens und die Bedeutung für seine Gesundheit verschlossen bleiben. Seine Zahngesundheit wird sich verbessern, doch sein Selbstwertgefühl bekommt immer mehr Löcher.

Strafen als Erziehungsmittel zu meiden bedeutet nicht, dass wir keine Konsequenzen für ein Verhalten ankündigen können, das unsere Bedürfnisse oder die des Kindes verletzt. Wenn ein Kind sich immer wieder weigert, seine Zähne zu putzen, kann es sinnvoll sein, ihm die Konsequenz anzukündigen, dass es erst wieder etwas Süßes essen darf, wenn es sich auch die Zähne putzt. Das soll keine Strafe sein, sondern eine Maßnahme zum Schutz der Zähne. Und als solche können wir sie unserem Kind erklären.

Tipp:

Strafen sind als Erziehungsmittel nicht geeignet.

Dass Bestrafung bei Kindern (und auch Erwachsenen) Schaden anrichtet, weil sie einen Menschen demütigt, verletzt und den Sinn der Verhaltensänderung verschleiert, können Sie nun vermutlich leicht nachvollziehen. Aber warum ist es sinnvoll, auf Belohnung zu verzichten, zumal sie doch oft mit echter Freude verbunden ist?

Das Gefährliche an der Belohnung ist, dass sie all zu oft mit Liebe und Zuwendung verwechselt wird, und dann macht sie abhängig. Wenn ein Kind davon abhängig ist, Lob und Komplimente zu bekommen, kann sich das mitunter schädigender auf seine Persönlichkeits-Entwicklung auswirken als die Folgen einer Bestrafung.

Sobald ein Kind das erste Mal hört „Das ist gut, das schlecht." geht es nicht mehr darum herauszufinden, was seine Bedürfnisse und Wünsche sind. Von nun an geht es darum, wie es beurteilt wird. Und es will unbedingt gut beurteilt werden, denn davon hängt von nun an sein Selbstwertgefühl und sein Wohlbefinden ab. Der Geist des Kindes wird so geformt, dass es die ganze Zeit darüber nachdenkt, was andere Menschen über es denken und wie sie sein Verhalten beurteilen. Und erst wenn ein positives Urteil in Form eines Lobes gefällt wird, fühlen sie sich gut. Hier beginnt der Teufelskreis der Selbst-Entfremdung, der dem von Drogenabhängigen erschreckend ähnlich sieht: Belohnung – kurzfristige Stärkung des Selbstwertes – kurzfristiges Wohlbefinden – Suche nach neuer Belohnung.
Wenn unser Wert davon abhängig ist, ob uns jemand lobt, dann ist unser Selbstwert gleich null. Dann geben wir alle Macht in die Hände von anderen. Durch diesen Teufelskreis verlieren viele Kinder schon in jungen Jahren den Kontakt zu ihren eigenen Bedürfnissen. Sie lernen nicht, ihre eigenen Bedürfnisse wahrzunehmen, ernst zu nehmen und geschweige denn diese zu äußern.

Tipp

Wenn wir von Lob abhängig sind, geben wir alle Macht in die Hände von anderen.

Viele Eltern, Lehrer, Erzieher und auch Manager verteidigen ihre Praxis, Lob und Komplimente zu verteilen, gern damit, dass es „funktioniert". Sie behaupten, dass ihre Kinder, Schüler oder Angestellten dann besser lernen und arbeiten, wenn sie gelobt werden. Ein Kind das gelobt wird, mag zwar besser lernen und arbeiten – aber nur kurzfristig. Sobald es die Manipulation hinter dem Lob erkennt, lässt die Produktivität nach. Sie haben sicher selbst auch schon die Erfahrung gemacht, dass Sie beispielsweise ein Kollege zu einer zusätzlichen Arbeit mit den Worten bewegen wollte: *„Kannst du das noch erledigen? Du kannst das so gut!"* Der Hunger nach Anerkennung ist bei vielen so groß, dass sie bereit sind, sehr viel (oft zu viel!) für ein Kompliment oder anerkennendes Wort zu tun. Etwas ganz anderes ist es dagegen, wenn ich etwas tue, um jemandem eine Freude zu bereiten.

Im Gegensatz zu aufrichtiger Wertschätzung und Anerkennung, die keine Beurteilung beinhaltet, haben Lob und Belohnung also sehr häufig etwas Manipulatives, das nur kurzfristig seine erwünschte Wirkung zeigt. Hüten Sie sich daher vor Komplimenten, die eine Beurteilung beinhalten, wie z. B. *„Das ist aber nett von dir, wenn du ihm eine Brezel abgibst."* Drücken Sie stattdessen Ihre Wertschätzung aus, weil Sie sich freuen – und nicht, weil Sie andere manipulieren wollen. Sagen Sie Ihrem Kind, wie Sie sich fühlen und welches Bedürfnis sich bei Ihnen erfüllt hat, wie z. B. *„Ich freue mich, wenn du eine Brezel abgibst, weil ich mir wünsche, dass wir miteinander teilen."*
Spüren Sie den Unterschied in den Aussagen? In Kapitel 5 finden Sie viele konkrete Vorschläge, wie Sie Anerkennung und Wertschätzung ohne manipulative Beurteilungen formulieren können.

Die Gefahren von Lob

- Wenn häufig Lob eingesetzt wird, kann Ihr Kind das Ausbleiben von Lob als Kritik empfinden.
- Kinder, die viel gelobt werden, können davon abhängig werden.
- Ein positive Einschätzung (*„Du bist ja so hübsch!"*), die nicht der Vorstellung Ihres Kindes entspricht, kann Feindseligkeit hervorrufen.(*„Ich bin überhaupt nicht hübsch!"*)
- Das Kind verlernt, auf seine Bedürfnisse zu achten, weil es sich nur noch damit beschäftigt, wie es weiteres Lob bekommen kann.
- Wenn Sie Ihr Kind positiv beurteilen, folgert es, dass Sie es bei anderer Gelegenheit auch negativ beurteilen können. Statt seinen eigenen Empfindungen und Bedürfnissen zu vertrauen, lernt es, Ihr Urteil zu fürchten oder sich darauf zu verlassen.

Besonders gefährlich ist Lob, wenn es mit unserer Liebe zum Kind verknüpft wird. Wenn wir z. B. sagen: *„Ich liebe dich, wenn du dein Essen aufisst."* oder *„Ich habe dich besonders lieb, wenn du schön artig bist."* wird mit einem einzigen Satz die Schönheit von Liebe zerstört, die Hoffnung und das Bedürfnis, dass du nicht dafür geliebt wirst, was du tust, sondern dafür, wer du bist. Hier wird die Schönheit der Liebe zerstört, indem sie an Bedingungen geknüpft wird und dem Kind vermittelt wird, dass es nicht um seiner selbst willen geliebt wird.

In dieser Hinsicht hatte ich ein trauriges Erlebnis, als ich eine Klassenarbeit zurückgab und die neunjährige Charlotte stark weinte. Sie sagte, dass ihre Mama sie nicht mehr lieb habe, wenn sie nur eine drei hat. Charlotte stand schon lange auffällig unter Leistungsdruck. Hier war offensichtlich, dass die Mutter die Liebe zu ihrer Tochter an die Bedingung knüpfte, gute Leistungen zu erbringen. Leider ist Charlotte kein Einzelfall.

Es gibt zwei Fragen, die uns helfen zu verstehen, warum wir durch Strafe und Belohnung nicht das erlangen, was wir eigentlich erreichen wollen:

- Wie soll sich mein Kind verhalten?
- Aus welchen Gründen hätte ich gern, dass es sich so verhält?

Während uns die Beantwortung der ersten Frage meist keine Schwierigkeiten bereitet, führt uns die zweite Frage zum Kern unserer Beweggründe. Ich glaube, es ist sehr wichtig, dass wir uns unsere Motivation, die hinter einer Strafe oder hinter einer Belohnung steht, bewusst machen.

Wenn wir z. B. gern möchten, dass unsere Kinder während des Essens am Tisch sitzen bleiben, weil wir gern in Ruhe essen möchten oder weil das Kind in Ruhe seine Mahlzeit einnehmen soll, dann sind Belohnungen und Strafen keine erfolgreichen Strategien. Oft bleiben die Kinder nur am Tisch sitzen, weil sie Angst davor haben, bestraft oder beschimpft zu werden, oder in der Hoffnung auf eine Belohnung. Eine Möglichkeit, die Bedürfnisse der Eltern nach einer ruhigen Mahlzeit und das Bedürfnis der Kinder nach Bewegung und Spiel zu berücksichtigen, wäre in diesem Fall, dass das Kind nach Beendigung seines Essens den Tisch verlassen darf und ruhig in seinem Zimmer spielt.

Es liegt in unser aller Interesse, dass Kinder mitunter ihr Verhalten ändern, aber nicht um Strafen zu entgehen oder ein Lob zu erhalten, sondern weil sie lernen, in einer Gemeinschaft zu leben, in der viele Interessen aufeinander stoßen und Lösungen gefunden werden müssen.

Kapitel 2: Das Wichtigste in Kürze

- Behandeln Sie Kinder mit dem gleichen Respekt, den Sie einem bewunderten Erwachsenen entgegenbringen würden.
- Lassen Sie Erziehung nicht zum Machtkampf werden. Bauen Sie stattdessen eine Beziehung zu Ihrem Kind auf, die auf Offenheit und Mitgefühl basiert und in der die Bedürfnisse aller berücksichtigt werden.
- Sie erlangen durch Lob und Strafe nicht das, was Sie eigentlich wollen.
- Durch Lob und Strafe lernen Kinder darauf zu achten, wie sie beurteilt werden, anstatt ihre eigenen Gefühle, Bedürfnisse und Wünsche ernst zu nehmen.

Botschaft an Sie als Eltern:

Sie schaffen es!

3

Eine neue Sprache für den Umgang mit Kindern lernen

„Die höchste Form der Intelligenz ist es, zu beobachten, ohne zu urteilen."

(*Krishnamurti*, indischer Philosoph)

Beobachten, ohne zu bewerten

Für die meisten von uns ist es schwierig, kleine und große Menschen zu beobachten, ohne sie zu beurteilen, zu verurteilen oder zu kritisieren. Unter einer Beobachtung verstehe ich etwas, das man sehen, hören, berühren oder riechen kann, etwas, das man mit einer Kamera aufnehmen könnte. Eine Beobachtung beschreibt. Bei einer Bewertung ziehen wir dagegen bereits unsere Schlüsse und interpretieren das Erlebte.

Das bedeutet nicht, dass wir Kindern nicht mehr unsere Bewertungen mitteilen, sondern, dass wir Beobachtungen und Bewertungen klar voneinander trennen. Und wir können Kindern durchaus sagen, was wir bei dem Beobachteten empfinden. Doch wenn man ein Kind anbrüllt: *„Max, wie kannst du nur so gemein sein und Lilly ein Bein stellen!“* ist das etwas völlig anderes, als wenn man sagt: *„Max, wenn ich sehe, dass du Lilly ein Bein stellst, dann habe ich Angst. Denn ich möchte, dass wir uns hier alle sicher fühlen können.“*

Beobachtungen werden von den meisten von uns mit Bewertungen vermischt. Das ist gerade gegenüber Kindern besonders gefährlich, weil unsere Bewertungen direkt in das Selbstbild des Kindes eingebaut werden. Wenn wir beispielsweise die Beobachtung machen, dass unser Kind, obwohl wir es darum gebeten haben, noch immer nicht sein Zimmer aufgeräumt hat, sind die Sätze: *„Du bist aber auch faul.“* oder *„Kannst du denn nie hören, was man dir sagt?“* eine reine Bewertung der Situation. Mit beiden Aussagen wird eine Bewertung der Gesamtpersönlichkeit vorgenommen. Ganz anders wirkt dagegen folgende Äußerung: *„Du hast dein Zimmer noch nicht aufgeräumt, obwohl ich dich darum gebeten habe. Ich ärgere mich, weil ich mir wünsche, dass du selbst für Ordnung in deinem Zimmer sorgst.“* Hier wird lediglich die störende Verhaltensweise angesprochen ohne eine verallgemeinernde Aussage über die gesamte Person zu machen.

Wenn wir Beobachtungen mit Bewertungen vermischen, neigen andere leicht dazu Kritik zu hören. Und bekanntermaßen wehren wir (und unsere Kinder!) Kritik oft am liebsten mit abwehrenden Argumenten oder Gegenkritik ab.

Tipp

Trennen Sie Beobachtungen von Bewertungen

Der erste wichtige Schritt hin zu einer respektvollen und offenen Kommunikation ist, zu beobachten, ohne zu bewerten – also einem anderen Menschen mitzuteilen, was wir wahrnehmen, ohne sein Verhalten zu bewerten. Wir halten uns einfach an die Tatsachen. Zum Beispiel kann ein Vater zu seinem Sohn sagen: *„Du hast in den letzten drei Spielen kein Tor geschossen."* anstatt zu sagen *„Du bist ein schlechter Fußballspieler."*

Wie können wir durchs Leben gehen ohne zu bewerten, zumal unser Urteilsvermögen doch eine Fähigkeit ist, von der unser Überleben abhängen kann?

Natürlich ist es sehr wichtig, dass wir Dinge für uns bewerten können, ansonsten wären wir nicht in der Lage, Entscheidungen selbst bestimmt zu treffen. Es geht viel mehr darum, eine Form der Bewertung auszuüben, die uns allen – sowohl den Kindern als auch den Erwachsenen – hilfreich ist. Denn selbst wenn das Kind, das Sie kritisiert haben, tut, was Sie möchten, handelt es wahrscheinlich eher aus Scham, der Angst vor Bestrafung oder der Hoffnung auf eine Belohnung – und nicht aus dem Wunsch heraus, die eigenen Bedürfnisse oder die eines anderen Menschen zu erfüllen. Wenn Kinder aus solchen Motiven handeln, zahlen wir ebenso wie bei den Strafen und Belohnungen einen hohen Preis und erreichen nicht das, was langfristig unser Ziel sein sollte: Kinder in ihrer Entwicklung zu Menschen zu unterstützen, die in der Lage sind, gut für ihr eigenes Wohlergehen zu sorgen und Freude dabei empfinden, zum Wohlbefinden anderer beizutragen.

In einem Kommunikationstrainings-Seminar sagte unsere Seminarleiterin einmal folgenden Satz: *„Was Paula über Paul sagt, sagt mehr über Paula aus als über Paul."* Das heißt:

Wie Paula Paul beschreibt, wie sie sein Verhalten interpretiert, worauf sie den Fokus setzt, was ihr besonders wichtig ist zu erwähnen, all das gibt uns mehr Informationen über Paula als über Paul. Paul würde vermutlich von einem Freund, für den ganz andere Dinge wichtig sind, und der Pauls Verhalten anders beurteilt, vollkommen anders beschrieben werden. Das zeigt uns deutlich, dass wir besonders bei der Beschreibung anderer Personen und deren Verhalten dazu neigen, Bewertungen mit Beobachtungen zu vermischen.

Die Bewertungen, die wir alle vornehmen, sind zum Großteil von unserer überalterten Sprache geprägt. Erst seit wenigen Generationen leben wir nicht mehr in einer Monarchie. Zu dieser Zeit glaubten die meisten Menschen daran, dass es eine unantastbare Wahrheit gibt. Was richtig und falsch, gut und böse ist, wurde von der obersten Autorität im Staat, dem König, oder von der Kirche festgelegt. Wir wurden also noch fast alle in Königs- bzw. Kirchchensprache erzogen, der Sprache der gottgegebenen Wahrheit, die dazu dient, Menschen so zu programmieren, dass sie unterwürfig und hörig gegenüber Autoritäten sind. Die Art und Weise, wie das Denken und Fühlen gelehrt wird, hängt sehr eng mit der Sprache zusammen. Wir üben uns noch nicht lange in demokratischem Denken, einem Denken, das verschiedene Vorstellungen von richtig und falsch zulässt, sodass diese Wörter selbst ihren Sinn verlieren, weil es keine Instanz mehr gibt, die uns vorschreibt, was gut und was schlecht ist. Erst seit kurzem ist vielen Menschen bewusst, dass nicht nur die Schönheit sondern oft auch die Wahrheit im Auge des Betrachters liegt.

Abwertendes Denken erlernten wir durch ein Vokabular, mit dem wir alle aufgewachsen sind und mit dem unsere Kinder heute auch noch immer konfrontiert werden: Wörter wie richtig, falsch, gut, schlecht, normal, unnormal, angemessen, unangemessen, kompetent, inkompetent. Wer legt fest und bestimmt eigentlich, was normal, angemessen und gut ist? Wenn Menschen zu solchem Denken erzogen werden, glauben sie automatisch, dass es ganz oben eine Autorität gibt, die weiß, was richtig und falsch ist. Wenn ein Kinderhirn schon sehr früh so geformt wird, kann es in solchen Strukturen funktionieren.

Wenn ich zu einem Kind sage: *„Das hast du gut gemacht!“* dann tue ich so, als wüsste ich, wann etwas gut und wann es nicht gut ist. Dabei ist es für Kinder besonders wichtig, nicht mit dem Bild aufzuwachsen, dass nur Erwachsene wissen, wann Kinder etwas gut gemacht haben und wann nicht. Und was noch wichtiger ist: Dass sie nicht danach bewertet werden, ob das, was sie tun, als richtig oder falsch beurteilt wird.

Elternaufgabe

Damit Sie sich im Unterscheiden von Beobachtungen und Bewertungen üben, machen Sie bitte die folgende Übung: Setzen Sie ein Kreuz vor die Sätze, die eine reine Beobachtung ausdrücken – ohne irgendeine Bewertung. Bedenken Sie, dass die Wörter *nie, immer, jedes Mal, oft, selten, ständig* usw. manchmal als Übertreibungen benutzt werden. In dem Fall vermischen sich dann Beobachtungen mit Bewertungen.

O 1) Lea isst zu viel.
O 2) *„Du hast in den letzten drei Tagen nicht dein Zimmer aufgeräumt.“*
O 3) Jedes Mal, wenn ich Laura beobachtet habe, hat sie am Daumen gelutscht.
O 4) *„Sei doch nicht immer so aggressiv!“*
O 5) *„Ich kann mich nicht daran erinnern, dass du mich jemals angerufen hast.“*
O 6) Mehmet ist ein netter Junge.
O 7) Meine Tochter hat sich noch nie gern die Zähne geputzt.
O 8) Mein Sohn ist ein Frühaufsteher.
O 9) Max streitet sich ständig mit anderen Kindern.
O 10) *„Letzte Woche bist du zwei Mal zu spät gekommen.“*

Lesen Sie jetzt bitte meine Antworten und vergleichen Sie sie mit Ihren Antworten.

1) Ich habe Satz 1 nicht angekreuzt, weil ich „zu viel“ für eine Bewertung halte.
2) Ich habe Satz 2 angekreuzt, weil hier meiner Ansicht nach eine Beobachtung ausgedrückt wurde, die nicht mit einer Bewertung vermischt ist.
3) Ich habe Satz 3 angekreuzt, weil ich finde, dass hier ebenfalls eine Beobachtung ohne Vermischung mit einer Bewertung vorliegt.
4) Ich habe Satz 4 nicht angekreuzt, weil ich „aggressiv“ für eine Bewertung halte. Hinter dem Verhalten könnten auch andere Gefühle wie Unsicherheit oder Angst stehen. Außerdem halte ich „immer“ in diesem Fall für eine Übertreibung.
5) Ich habe Satz 5 angekreuzt, weil meiner Ansicht nach hier ein eine Beobachtung ausgedrückt wurde, die nicht mit einer Bewertung vermischt ist.
6) Ich habe Satz 6 nicht angekreuzt, weil ich „nett“ für eine Bewertung halte.
7) Ich habe Satz 7 nicht angekreuzt, weil ich „nie“ für eine Bewertung halte. Außerdem ist es meiner Ansicht nach eine Beurteilung

8) Ich habe Satz 8 nicht angekreuzt, weil ich „Frühaufsteher" für eine Bewertung halte. Bei der Beurteilung bleiben folgende Fragen offen: Steht der Sohn tatsächlich immer früh auf? Was bedeutet „früh" für mich, für meinen Sohn und für den Zuhörer?
9) Ich habe Satz 9 nicht angekreuzt, weil ich „ständig" in diesem Fall für eine Bewertung halte.
10) Ich habe Satz 10 angekreuzt, weil ich finde, dass hier eine Beobachtung vorliegt, die nicht mit einer Bewertung vermischt ist.

Gefühle ausdrücken

„Das Ziel im Leben ist nicht, immer glücklich zu sein, sondern all unser Lachen zu lachen und all unsere Tränen zu weinen."

(Marshall B. Rosenberg)

Es war nun schon viel von Bedürfnissen und Gefühlen die Rede. Um die soll es hauptsächlich gehen, wenn wir mit einer Sprache sprechen, die unsere Kinder darin unterstützen soll, sich zu selbstbewussten und authentischen Persönlichkeiten zu entwickeln.

Die meisten von uns wurden dazu erzogen, „außenorientiert" zu leben und nicht mit sich selbst in Kontakt zu treten. Wir wurden eher dazu trainiert, auf unseren Kopf anstatt auf unser Gefühl zu hören und uns ständig die Frage zu stellen: *„Halten es die anderen für richtig, wenn ich das sage oder tue?"* anstatt uns zu fragen: *„Wie geht es mir, wenn ich das tue? Wie fühle ich mich, wenn ich das erlebe? Was halte ich für richtig?"* Oftmals sind wir mehr damit beschäftigt, uns mit der Meinung und den Gefühlen anderer zu beschäftigen, anstatt auf unsere eigenen Empfindungen, Bedürfnisse und Wünsche zu achten.

Wir wurden vielleicht nicht mehr dazu angehalten uns zu fragen *„Was sollen denn die Nachbarn denken?"*. Doch wir wurden auch selten dazu aufgefordert, unsere eigenen Gefühle und Bedürfnisse zu erkunden, z. B. mit Fragen wie „Wie fühlst du dich dabei? Was wünschst du dir? Was hältst du davon?" Können Sie sich daran erinnern, in Ihrer Schulzeit jemals gefragt worden zu sein, wie

Sie sich fühlen? Ich kann das leider nicht. Zu meiner Schulzeit wurde viel mehr Wert auf das Denken gelegt, Gefühle wurden dagegen als unwichtig betrachtet. Kein Mensch würde jedoch überleben, wenn er keine Gefühle hätte. Unsere Angst warnt uns vor Gefahren. Seelischer Schmerz macht uns darauf aufmerksam, dass unsere Bedürfnisse nicht erfüllt sind.
Und erst wenn wir die widersprüchlichsten Gefühle in uns zulassen, werden wir uns als „ganzer Mensch" fühlen:

Sehen,
dass du nur du bist,
wenn du alles bist,
was du bist:
das Zarte
und das Wilde,
das, was sich anschmiegen will
und das,
was sich losreißen will.
(Erich Fried)

Unterdrückte Gefühle kommen uns teuer zu stehen. Das erfahren wir, wenn wir unser Gefühl von Müdigkeit mit Kaffee unterdrücken und unser Bedürfnis nach Schlaf nicht befriedigen. Irgendwann sind wir übermüdet, gereizt und werden – wenn wir das Gefühl der Müdigkeit zu lange nicht beachten – krank. Das Gleiche geschieht, wenn wir Gefühle wie Wut, Angst, Trauer unterdrücken mit Arbeit, Schokolade, vielen Aktivitäten usw. und die dahinter liegenden Bedürfnisse ignorieren. Mit der Zeit wird unser gesamter Organismus dadurch geschwächt und wir bekommen Depressionen, Ängste, Übergewicht oder andere Krankheitssymptome, die wir dann behandeln müssen. Einfacher ist es, es gar nicht so weit kommen zu lassen und dem vorzubeugen, indem wir lernen, unsere Gefühle und Bedürfnisse auszudrücken und diese Fähigkeit an unsere Kinder weiterzugeben.
Ebenso wenig wie das Äußern von Gefühlen wurde den meisten von uns beigebracht, die Verantwortung für unsere Gefühle zu übernehmen. Weder in der Schule noch im Elternhaus. Es ist wichtig, sich darüber klar zu sein, dass andere Menschen nicht für unsere Gefühle verantwortlich sind. Das Verhalten eines anderen Menschen kann zwar der Auslöser für ein Gefühl sein, aber es

ist nicht die Ursache. Das einzige, was unsere Gefühle beeinflussen kann, ist die Haltung, mit der wir reagieren. Sie haben sicher bereits die Erfahrung gemacht, dass Sie nach einem ähnlichen Erlebnis unterschiedlich reagierten.
Stellen Sie sich vor, ein anderer Verkehrsteilnehmer nimmt Ihnen die Vorfahrt. Das kommt immer mal wieder vor. Wenn Sie gerade abgehetzt von zu Hause losgefahren sind, die Kinder herumtrödelten und Sie noch eine Meinungsverschiedenheit mit Ihrem Partner hinter sich haben, reagieren Sie mit größter Wahrscheinlichkeit wütender als an einem Morgen, an dem Sie gemeinsam in aller Ruhe gefrühstückt und sich anschließend liebevoll verabschiedet haben. Sie werden dann vielleicht sogar denken: *„Hoffentlich passiert ihm* (dem Autofahrer, der uns die Vorfahrt genommen hat) *nichts, wenn er sich nicht an die Verkehrsregeln hält."* Sie sehen, es ist beide Male der gleiche Auslöser, aber Ihre Gefühle und Ihre Reaktion sind vollkommen unterschiedlich.

Tipp

Das Verhalten eines anderen Menschen kann der Auslöser für ein Gefühl sein, es ist aber nicht die Ursache. Sie selbst sind für die Haltung, mit der Sie reagieren, und für Ihre Gefühle verantwortlich.

Wussten Sie übrigens, dass das Äußern von Gefühlen nicht nur in der Familie, sondern auch am Arbeitsplatz und in anderen Lebensbereichen eine ganz neue Beziehungsqualität fördern kann? Indem wir unsere Menschlichkeit und Verletzlichkeit zeigen, laden wir andere dazu ein, selbst menschlich zu handeln und sich selbst zu öffnen.
Damit Kinder lernen, ihre Gefühle zu äußern, ist es hilfreich unseren Gefühle-Wortschatz zu erweitern. Es hilft uns eher, Wörter zu benutzen, die ein Gefühl genau beschreiben, anstatt Wörter, die allgemein und vage sind. Sagen wir z.B. *„Ich habe ein schlechtes Gefühl."*, dann kann das Wort „schlecht" vieles bedeuten: ängstlich, wütend, müde, einsam, verzweifelt, verwirrt usw.
Wie wichtig und notwendig es ist, den Gefühle-Wortschatz bewusst zu erweitern, erlebte ich kürzlich in einer Schulklasse mit achtjährigen Kindern. Auf meine Frage, welche Gefühle sie kennen, wurden mir nur 3 (!) Wörter genannt: fröhlich, traurig, wütend. Mehr Gefühle fielen 28 Kindern nicht ein. Ich habe

dann unsere Handpuppe noch einige Gefühle wie glücklich, unsicher, aufgeregt, müde, verzweifelt aufzählen lassen, die die Kinder zwar durchaus kannten, aber ihnen selbst fielen noch immer keine weiteren ein. Um nun auch ihren aktiven Gefühlswortschatz zu vergrößern, haben wir uns eine Gefühle-Liste erstellt, die wir in unserem Raum aufhängten. Nun machen wir des öfteren ein kleines Gefühle-Spiel. Jeder liest sich leise die Gefühle-Listen durch und sucht sich das Wort aus, das sein momentanes Gefühl am besten beschreibt. Wir setzten uns in einem Kreis auf den Boden, und ich werfe einem Kind den Ball zu. Dieses Kind sagt dann *„Ich fühle mich ...“* Wenn es möchte, kann es auch kurz den Grund für sein Gefühl nennen, wie beispielsweise *„Ich fühle mich traurig, weil Lena nicht mehr mit mir spielen möchte.“* Dieses Gefühl kann dann auch körperlich ausgedrückt werden, so als werde der Körper zu einem Standbild. Was sich hier wie eine trockene, künstliche Übung anhören mag, ließ uns in Wirklichkeit viele anrührende, lustige und mitunter auch traurige Momente miteinander erleben. Immer hat sich durch dieses Spiel die Atmosphäre im Raum schlagartig verändert, und es herrschte eine Stimmung von Offenheit und Mitgefühl.

Dieses Spiel kann ich Ihnen auch für zu Hause empfehlen. Keine Sorge, Sie brauchen sich dazu nicht im Kreis auf den Boden zu setzen. Eine kleine Runde am Frühstückstisch mit der Frage *„Wie fühlst du dich heute morgen?“* oder *„Wie geht es dir?“* wird eine neue Qualität der Nähe in Ihrer Familie entstehen lassen. Sie alle werden davon profitieren, wenn Sie selbst es lernen, Ihre eigenen Gefühle und Bedürfnisse zu äußern.

Zur Unterstützung können Sie den Gefühle-Wortschatz, den Sie im Anhang dieses Buches finden, heraustrennen und an einem gut sichtbaren Platz aufhängen. Sicher werden Sie schon bald wahre Künstler im Umgang mit Gefühlen und deren Ausdruck werden.

Bedürfnisse Äussern

Leider ist das Wort „Bedürfnis“ bei vielen sehr negativ besetzt. Ein Bedürfnis zu haben, wird von vielen Menschen damit verbunden, schwach, bedürftig, verletzlich und abhängig zu sein. Sie haben das Selbstbild, dass man keine Bedürfnisse haben darf. Viele haben es nicht gelernt, ein Bedürfnis als das zu betrachten, was es eigentlich ist: ein Geschenk.

Doch was sind überhaupt Bedürfnisse?

Wir alle haben Grundbedürfnisse, die unser Überleben sichern: Nahrung, Sauerstoff, Schlaf, Schutz, Unterkunft und Körperkontakt. Babys, die keinen Körperkontakt erfahren, haben nur eine geringe Chance zu überleben.
Wenn diese Grundbedürfnisse erfüllt sind, können wir uns den weiteren grundlegenden menschlichen Bedürfnissen zuwenden wie Sicherheit, Geborgenheit, Verständnis, Kreativität, Liebe, Entspannung, Autonomie, Sinn oder Spiritualität, Freude, Wertschätzung, Nähe, Respekt, Vertrauen, Ruhe, Ordnung, Rücksichtnahme, Unterstützung, Frieden, Ehrlichkeit und dem Bedürfnis, zur Bereicherung des Lebens beizutragen.
Wenn Sie Ihre Bedürfnisse erkennen und diese in Worte fassen können, sind Sie auch in der Lage, eine Bitte so zu formulieren, dass Ihre Bedürfnisse erfüllt werden. Damit Sie Ihren Bedürfnis-Wortschatz ebenso erweitern können wie Ihren Gefühle-Wortschatz, finden Sie in Kapitel 9 eine Bedürfnis-Liste.
Wenn sich zum Beispiel eine Mutter einsam fühlt und das Bedürfnis nach mehr Nähe zu ihrem erwachsenen Sohn verspürt, könnte sie das mit den Worten tun: *„Ich fühle mich in den letzten Tagen oft einsam und wünsche mir mehr Kontakt zu dir."*
Was viele „Kinder" jedoch häufiger zu hören bekommen, ist folgende Variante: *„Du meldest dich ja gar nicht mehr. Du hast mich wohl völlig vergessen?"*
Oder: Die Mutter sagt gar nichts, leidet still und fordert den Sohn – meist unbewusst – auf diese Weise dazu auf, den Grund ihres Leidens und das dahinter stehende Bedürfnis zu erraten.
Was glauben Sie, wann der Sohn eine größere Lust verspürt, das Bedürfnis seiner Mutter nach mehr Nähe zu erfüllen?
Das Bewusstsein, dass ein Bedürfnis ein Geschenk ist, ist also sehr wichtig. *Marshall B. Rosenberg,* der bekannte Begründer der gewaltfreien Kommunikation, nennt es die Weihnachtsmann-Energie, die sich etwa so anhört: *„Ho, ho, ho, du Glückliche. Von sechs Milliarden Menschen auf dieser Erde habe ich dich ausgewählt, um mein Bedürfnis nach Verbindung zu erfüllen."*
Wenn wir unsere Bedürfnisse als Geschenke betrachten, geben wir anderen Menschen die Chance, das zu tun, was jeder Mensch am allerliebsten tut: das eigene Leben und das Leben der anderen zu verschönern und zu bereichern.
Jemand, der dagegen nie ein eigenes Bedürfnis äußert, ist für seine Kinder oftmals eine große Belastung. Gerade Kinder fühlen sich schnell für das

Wohlergehen ihrer Eltern verantwortlich, wenn sie merken, dass ihre Eltern nicht richtig für die Befriedigung ihrer eigenen Bedürfnisse sorgen. Hinzu kommt, dass Kinder Vorbilder brauchen und Menschen, die ihnen durch ihr eigenes Verhalten die Erlaubnis geben, sich ebenso zu verhalten. Wenn wir unsere Bedürfnisse nicht ernst nehmen, tun andere es auch nicht. Wenn wir uns nicht trauen, unsere Bedürfnisse zu äußern, trauen sich andere auch nicht.

Während Säuglinge ihre Bedürfnisse (z.B. nach Nahrung, Schlaf, Spiel, Entspannung, Kontakt, Liebe) noch genau spüren und den Wunsch nach deren Erfüllung durch Schreien zum Ausdruck bringen, haben es viele größere Kinder schon verlernt, ihre eigenen Bedürfnisse zu spüren und zu äußern. Dafür werden sie mit Lob überhäuft wie lieb, brav, artig und nett sie sind.

Das größte Kompliment für eine Mutter und einen Vater war und ist mitunter noch immer der Satz: *„Sie haben aber ein wohlerzogenes Kind."* Dank dieser Erziehung landen wir regelmäßig bei der Frage: Stimmt etwas nicht mit mir, wenn ich bestimmte Gefühle und Bedürfnisse erlebe? Der Zweifel an unseren Gefühlen und Bedürfnissen wurde uns von klein auf anerzogen. Wir haben schon sehr früh gelernt, uns von dem abzuschneiden, was in unserem Innersten vor sich geht, und stattdessen darauf zu achten, wie andere unsere Worte und Taten beurteilen.

Bitten formulieren

Sie wissen nun, wie wichtig es ist, mit Kindern über Beobachtungen, Gefühle und Bedürfnisse zu sprechen, ohne sie dabei zu beurteilen. Dadurch lernen unsere Kinder, ihre Gefühle und Bedürfnisse wahrzunehmen, sich anderen mitzuteilen und einfühlsam auf andere Menschen zu reagieren.

Der letzte wichtige Schritt in einer einfühlenden Kommunikation mit kleinen und großen Menschen besteht nach *Rosenberg* darin, andere um das zu bitten, was unser Leben bereichert und verschönert. Wenn sich unsere Bedürfnisse nicht erfüllen, dann äußern wir nach unseren Beobachtungen, Gefühlen und Bedürfnissen eine konkrete Bitte. Wir bitten den anderen um eine Handlung, die unser Bedürfnis erfüllen kann.

Viele schrecken vor dem Wort *„Bitte"* ebenso zurück wie vor dem Wort *„Bedürfnis"*. Mit „Bitten" verbinden viele Menschen Schwäche, Abhängigkeit oder

Bequemlichkeit. Besonders Menschen, die Schwierigkeiten haben, selbst *„Nein"* zu sagen, wenn sie um etwas gebeten werden, fällt es schwer, selbst eine Bitte zu formulieren. Sie verwechseln häufig eine Bitte mit einer Forderung.

Um eine Bitte zu formulieren, brauchen wir Bewusstheit über unser Ziel. Wenn Ihr Ziel darin besteht, Ihren eigenen Willen durchzusetzen, ohne die Bedürfnisse der anderen zu berücksichtigen, dann ist diese Form der Kommunikation nicht für Sie geeignet. Ich kenne eine Erzieherin, die einmal zu den ihr anvertrauten Kindern sagte: *„Als ich Kind war, musste ich das machen, was man mir sagte. Jetzt bin ich groß und kann euch sagen, was ihr zu tun habt. Wenn ihr groß seid, dann könnt ihr bestimmen, was eure Kinder machen müssen."* Diese Frau zeigte kein Interesse daran einen Weg zu finden, um möglichst viele Bedürfnisse zu berücksichtigen. Es ist möglich, dass sie eher daran interessiert ist, Befehle zu erteilen und Forderungen zu stellen, als eine Bitte zu äußern. Viele wiederholen das, was sie in ihrer Kindheit selbst erlebt haben, frei nach dem Motto: *„Wenn mir eine Tracht Prügel nicht geschadet hat, wird sie dir auch nicht schaden."* Hier fehlen das Bewusstsein über die eigenen Verletzungen und die Einfühlung sich selbst gegenüber.

Wenn Ihnen allerdings Respekt, Aufrichtigkeit und Offenheit im Umgang mit Ihren Kindern wichtig sind, dann wird Sie diese Form der Kommunikation begeistern.

Damit eine Bitte die Chance bekommt erfüllt zu werden, ist es wichtig, sie positiv und klar zu formulieren. Je klarer wir wissen, was wir vom anderen bekommen möchten, umso wahrscheinlicher ist es, dass sich unsere Bedürfnisse erfüllen werden.

Wenn beispielsweise ein Vater zu seinem 16-jährigen Sohn sagt: *„Ich möchte, dass du endlich aufhörst, dich so verantwortungslos zu verhalten."*, ist die Chance, dass diese Bitte erfüllt wird, ziemlich gering. Der Sohn weiß vielleicht weder, was sein Vater unter „verantwortungslos" versteht, noch weiß er, was sich sein Vater konkret von ihm wünscht. Eine klare, positiv formulierte Bitte könnte sich hier so anhören: *„Ich wünsche mir, dass du - wie wir es verabredet haben - den Müll täglich hinunter bringst. Bist du dazu bereit?"*

Erst wenn wir eine klare positive Bitte formulieren, wird uns oft klar, um was wir eigentlich bitten und welches Bedürfnis nicht erfüllt ist. Wenn wir nur unsere Gefühle ausdrücken, ist dem anderen noch lange nicht klar, was wir von ihm wollen. Wenn ich in das Kinderzimmer, aus dem großer Lärm schallt, komme und nur sage: *„Ich ärgere mich, dass ihr so laut seid."* wird sich vermutlich nicht viel ändern. Wenn ich allerdings sage: *„Ich ärgere mich wenn Ihr so laut seid, weil ich einen anstrengenden Tag hinter mir habe und gerade etwas Ruhe brauche. Bitte spielt in der nächsten halben Stunde leise miteinander.“*, drücke ich klar damit aus, was ich mir von den Kindern wünsche und warum ich sie darum bitte.

TIPP

Formulieren Sie eine Bitte positiv und klar

Viele, die im Erziehungsbereich tätig sind oder selbst Kinder großziehen, glauben, dass diese Form der Kommunikation nur erfolgreich ist, wenn die Kinder „Bitten“ zustimmen und diese auch tatsächlich erfüllen. Ich selbst glaubte anfänglich versagt zu haben, als meine Tochter meine Bitte das Essen aufzuessen mit einem klaren *„Nein. Ich bin schon satt.“* beantwortete. Heute bin ich froh, dass sie gelernt hat *„Nein“* zu sagen und ihr eigenes Bedürfnis zu äußern. Warum hätte sie ihren Teller auch leeressen sollen? Sie hätte dann zwar mein Bedürfnis nach Wertschätzung meiner Kochkünste und mein Bedürfnis nach ausreichender Versorgung meines Kindes mit Nahrung befriedigt, ihr eigenes gesundes Bedürfnis, bei einem Sättigungsgefühl das Essen zu beenden, allerdings nicht erfüllt.

Viele Kinder sind es schon so lange gewohnt, ausschließlich Forderungen zu hören, dass sie nicht in der Lage sind, eine Forderung von einer Bitte zu unterscheiden. Eine Bitte lässt dem Kind immer die Wahl, ob es diese erfüllen möchte oder nicht, ohne dass das nachteilige Konsequenzen hat. Eine Forderung dagegen kommt einem Befehl gleich. Wenn wir eine Forderung nicht erfüllen, folgen Liebesentzug, Beschimpfungen oder andere unangenehme Konsequenzen, die wir lieber vermeiden möchten.

Bitten werden als Forderungen aufgefasst, wenn das Kind glaubt, dass es ausgeschimpft, beschuldigt oder bestraft wird, sobald es die Bitte nicht erfüllt. Wir können dann dem Kind deutlich machen, dass wir uns seine Zustimmung nur wünschen, wenn es das aus freiem Willen tut. Grundsätzlich wünsche ich mir, dass andere Menschen meine Bedürfnisse nur dann erfüllen, wenn sie es wollen – und nicht, weil sie sich dazu gezwungen fühlen. Das Gleiche gilt natürlich auch für Kinder.

Wenn wir eine Bitte formulieren wollen, die von unserem Kind nicht als Forderung aufgefasst wird, hilft es, unsere Köpfe nach Gedanken solcher Art abzusuchen:

- Er *sollte* eigentlich tun, was ich von ihm verlange.
- Sie *müsste* längst ihre Hausaufgaben gemacht haben.
- Ich bin *berechtigt*, ihr das zu verbieten.
- Ich habe ein *Recht* auf mehr Respekt.
- Ich *verdiene* Achtung von jüngeren Menschen.

Sie werden nun vielleicht fragen: Was passiert in den Situationen, in denen die Kinder tatsächlich keine Wahl haben dürfen? In Situationen, in denen wir sie oder uns schützen müssen oder schneller Handlungsbedarf besteht?

Dann wenden wir unsere Macht im beschützenden Sinne an. Wir halten das Kind zurück, wenn es auf die Straße rennen will. Wir können auch einen Schüler festhalten, der in einem Anfall von Jähzorn auf einen Klassenkameraden einprügelt und vor lauter Zorn nicht in der Lage ist zuzuhören. Welche Worte Sie in den verschiedenen Situationen genau wählen können, erfahren Sie in Kapitel 5.

In schwierigen Situationen haben wir auch die Möglichkeit, auf eine Forderung oder Anweisung zurückgreifen wie z. B. *„Komm schnell her!"* oder *„Bleib jetzt ganz nah bei mir!"* Klare Anweisungen und Forderungen sollten Sie allerdings aufheben für ganz besondere Situationen, in denen Sie sicher sind, dass es notwendig und sinnvoll ist, wenn Ihr Kind jetzt das tut, was Sie sagen. Keinesfalls sollten Sie den ganzen Tag Ihr Kind mit Befehlen, Kommandos und Anweisungen traktieren.

Denken Sie bitte an Ihre Vorbildfunktion. Wenn Ihr Kind sehr häufig statt einer Bitte eine Forderung hört, lernt es in seinem Leben und in seinen Beziehungen zu anderen Menschen Forderungen als das Mittel zu wählen, damit seine Bedürfnisse erfüllt werden. Überlegen Sie sich, wie Sie auf eine Bitte oder eine Forderung von Ihrem Partner, Ihren Freunden oder Ihren Kollegen reagieren. Ich bin mir sicher, dass es Ihnen wie mir geht: Ich höre lieber eine Bitte und habe die Wahl, diese Bitte zu erfüllen – sei es, um dem anderen eine Freude zu machen, ihm zu helfen oder selbst Anerkennung zu bekommen. Eine Bitte erfüllt mein Bedürfnis nach Autonomie, nach der Möglichkeit selbst zu entscheiden, wann ich was in meinem Leben tun möchte. Eine Forderung lässt mein Bedürfnis nach Selbstbestimmung dagegen unerfüllt. Bedenken Sie bitte

auch, dass unsere Kinder die gleichen grundlegenden menschlichen Bedürfnisse haben wie wir.
Auch hier ist es sinnvoll, einen Blick auf unsere Ziele zu setzen. Ist es Ihre Absicht, Ihr Kind dahin gehend zu unterstützen, unhinterfragt und brav Forderungen und Befehle auszuführen – oder wollen Sie die Autonomie und Eigenverantwortlichkeit Ihres Kindes, seine Fähigkeit, Entscheidungen zu treffen und sein Leben selbstbestimmt zu leben, stärken?
Alles in allem geht es darum, Kinder darin zu unterstützen, herauszufinden, was sie fühlen und was sie brauchen und das anderen Menschen in einer Form mitzuteilen, die andere dazu einlädt, die Bedürfnisse mit Freude zu erfüllen. Wenn unsere Kinder das können, geben wir ihnen die Fähigkeit mit auf den Lebensweg, wahrhafte, ehrliche und tiefe Beziehungen zu anderen Menschen (und zu uns!) aufzubauen.

Kapitel3: Das Wichtigste in Kürze

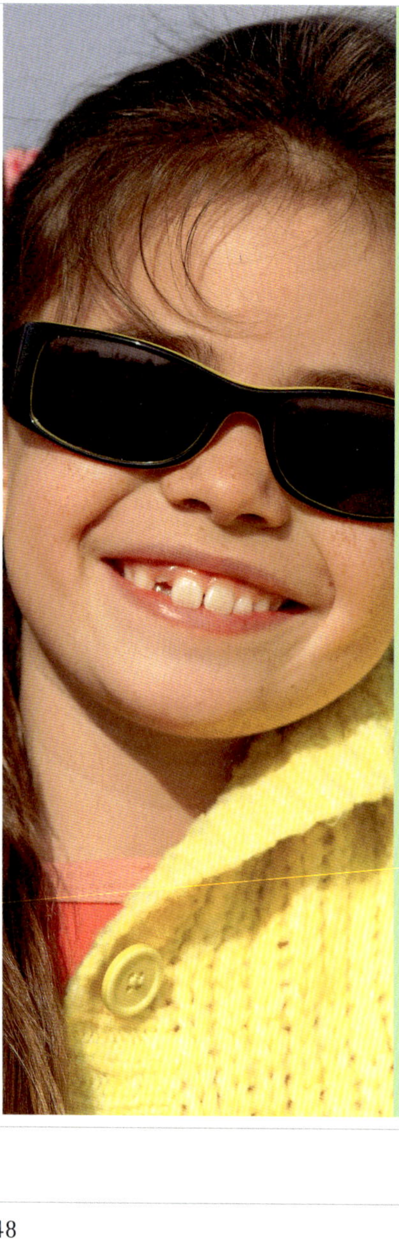

- Wir können Kinder darin unterstützen wahrzunehmen, was sie fühlen, was sie brauchen und was sie sich wünschen.
- In einer einfühlenden Kommunikation mit unseren Kindern geht es um:
  1) Beobachtungen äußern
  2) Gefühle ausdrücken
  3) Bedürfnisse äußern
  4) Bitten formulieren

Botschaft an Sie als Eltern:

Es ist gut möglich, dass Sie ab jetzt immer stärker Ihre eigenen Gefühle und Bedürfnisse ernst nehmen.

4

So prägen Sie die Psyche Ihres Kindes

Was du heute denkst, wirst Du morgen sein."

Buddha)

Vermitteln Sie Ihrem Kind, was ihm gut tut

Wenn ein Kind das Licht der Welt erblickt, ist seine Psyche kein leeres Gefäß, das beliebig von seiner Umwelt gefüllt und geformt werden kann. Jedes Kind bringt seine Eigenarten, besonderen Interessen und Talente schon mit auf die Welt. Doch was im Kern erst angelegt ist, will sich auch entfalten. Gleich einem Samenkorn, das gut mit Licht, Wärme und Wasser versorgt werden will, um zu seiner schönsten Blüte heranreifen zu können, brauchen auch Kinder Nahrung für ihre Psyche, damit sie sich im besten Sinne entfalten können. Da Sie mit Ihrer Sprache, Ihren Botschaften und Worten so großen Einfluss auf den Geist und die Psyche Ihres Kindes ausüben, ist es sinnvoll, sich der Macht der Sprache bewusst zu sein und diese ebenso bewusst einzusetzen.

In Millionen von Wohnzimmern, Kindergärten und Schulen fallen jedoch täglich Sätze wie: *„Du bist so faul ... egoistisch ... anstrengend ... ungeschickt ... aggressiv! .“* • *„Jetzt sei doch nicht so zickig!“* • *„Du bringst mich noch ins Grab.“* • *„Komm mal her, mein kleines süßes Dickerchen!“* • *„Du spinnst wohl!“* • *„Das lernst du nie!“* • *„Bist du verrückt geworden oder was?“*

Diese und ähnliche negative Botschaften bekommen viele Kinder immer und immer wieder zu hören, ja sie werden damit regelrecht programmiert. Solche Sätze werden dem Nachwuchs meist unabsichtlich von gestressten Eltern, Erziehern und Lehrern verabreicht – wie ein Fluch, der an die nächste Generation weitergegeben wird. Sie haben leider allzu oft die Wirkung einer sich selbst erfüllenden Prophezeihung – je öfter sie wiederholt wird, desto eher tritt sie auch ein. Kinder sind hervorragende Beobachter und in vielerlei Hinsicht äußerst kooperativ. Normalerweise erfüllen sie die Erwartungen, die wir in sie setzen und die wir ihnen gegenüber äußern.

Unmittelbar nach solchen abwertenden Aussprüchen fühlt sich ein Kind aber schlecht und minderwertig – ebenso wie wir das auch tun würden. Doch das ist noch nicht alles. Solche Äußerungen haben auch einen hypnotischen Effekt und wirken im Unterbewusstsein weiter.

Hypnotische und suggestive Sprachmuster im Alltag mit Kindern

Den meisten von uns ist nicht bewusst, dass Hypnose ein fester Bestandteil unseres Alltags ist. Sobald wir bestimmte Sprachmuster, Sätze und Botschaften wiederholt verwenden, greifen wir tief in das Unterbewusstsein unserer Kinder ein und prägen sie auf schädigende oder förderliche Weise – auch wenn wir das nicht beabsichtigen. Um hypnotisiert zu werden, braucht man nicht – wie allgemein angenommen – in einem anderen Bewusstseinszustand oder Zustand der Trance zu sein. Tatsächlich kann der menschliche Geist auch im Wachzustand, ohne dass er sich dessen bewusst ist, leicht beeinflusst werden.
Deshalb werden auch zunehmend Mitarbeiter von Werbeagenturen und Verkäufer im hypnotischen Sprachgebrauch trainiert – eine beängstigende Vorstellung. Glücklicherweise können wir uns vor Manipulationsversuchen schützen, indem wir die hypnotischen Sprachmuster erkennen und wir uns des manipulativen Vorgangs bewusst sind.
Hypnotische bzw. suggestive Sprachmuster sind Angebote, die Aufmerksamkeit in eine bestimmte Richtung zu lenken. Mit ihnen können Sie Botschaften elegant einleiten und die Konzentration Ihres Kindes auf etwas Bestimmtes lenken, das Ihnen wichtig erscheint. In der folgenden Tabelle finden Sie einige Beispiele für hypnotische Sprachmuster, mit denen Sie Ihr Kind in eine positive Richtung lenken können und ihm damit die Chance geben, Dinge aus einer neuen Perspektive zu betrachten und neue Möglichkeiten in Betracht zu ziehen.

Hypnotisches Sprachmuster	**In das hypnotische Sprachmuster eingebettete Botschaft**
„Vielleicht __________."	Vielleicht wirst du dir in den nächsten Tagen einen Herzenswunsch erfüllen.
„Ich frage mich, ob __________?"	Ich frage mich, ob du weißt, dass du sehr, sehr stark bist.
„Wie wäre es für dich, wenn __________?"	Wie wäre es für dich, wenn du ab jetzt anderen Menschen deine Gefühle mitteilst?
„Früher oder später __________."	Früher oder später wirst du in der Lage sein, auf schwierige Situationen zurückzublicken und darüber zu lachen.
„Es tut gut zu wissen, __________."	Es tut gut zu wissen, dass es für jedes Problem eine Lösung gibt.
„Es ist völlig in Ordnung, wenn du ________."	Es ist völlig in Ordnung, wenn du die Aufgabe in deinem Tempo bearbeitest.
„Kannst du dir vorstellen __________?"	Kannst du dir vorstellen, jetzt schon mit ganz neuen Fähigkeiten durchs Leben zu gehen?
„Irgendwann __________."	Irgendwann wirst du erkennen, dass du dein Ziel schon viel früher erreichen kannst.
„Letztendlich __________."	Du wirst letztendlich überrascht sein, dass alles viel leichter gewesen ist, als du ursprünglich dachtest.

Viele weitere Botschaften, die das Leben Ihres Kindes bereichern werden, finden Sie im Glückskarten-Set am Ende dieses Buches.
Während der professionelle Einsatz von Hypnose einer guten Ausbildung und langer Erfahrung bedarf, ist die zufällige Hypnose so alltäglich, dass Eltern – ohne es zu merken – ihren Kindern Botschaften einimpfen, die ein Leben lang fortwirken.
Vor allem der Geist eines Kindes und Jugendlichen ist für gewisse Botschaften besonders empfänglich, denn er ist voller Fragen. Und die vielleicht wichtigsten dieser Fragen lauten: Wer bin ich? Was bin ich für ein Mensch? In was für einer Welt lebe ich? Fragen zum Selbstbild und zur eigenen Identität, von denen grundsätzliche Entscheidungen über die Selbsteinschätzung und die eigene Stellung in der Welt abhängen.
Erwachsene, die in ihrer Kindheit oft Sätze hörten wie *„Das schaffst du nicht.“* Oder *„Du bist zu nichts nutze.“* oder häufig mit einem genervten, aufbrausenden Umgangston konfrontiert wurden, erhielten nicht die Möglichkeit, ein positives Selbstbild und stabiles Selbstwertgefühl aufzubauen. Es ist daher nicht verwunderlich, wenn wir aus dem Munde eines solchen inzwischen Erwachsenen folgende Antworten auf Fragen zu wichtigen Lebensbereichen hören:

„Warum beginnst du nicht diese interessante Fortbildung?“
„Nein, das schaffe ich sowieso nicht.“

„Merkst du nicht, dass diese Arbeit weit unter deinem Niveau liegt?“
„Doch. Aber mehr traue ich mir einfach nicht zu.“

„Warum, glaubst du, behandelt er dich so unfreundlich?“
„Ich glaube, ich falle ihm oft auf die Nerven.“

Die Botschaften, die wir in unserer Kindheit erhalten, werden fest in der Psyche gespeichert. Meist wurden sie uns in einem Alter eingetrichtert, als wir noch nicht ihren Wahrheitsgehalt hinterfragen konnten. Wir hatten noch keine Vergleichsmöglichkeiten und konnten die Richtigkeit der Botschaften nicht überprüfen. Daher blieb uns nichts anderes übrig, als die Aussagen über uns als Wahrheit zu begreifen.
Oft wird über Kinder in der Annahme geredet, dass sie nicht zuhören oder das Gesagte noch nicht verstehen. Daher werden viele negative und besorgte Aussa-

gen über den Nachwuchs im Beisein des Kindes geäußert. Doch bereits Kleinkinder erfassen lange bevor sie die ersten Wörter äußern, das meiste von dem, was wir sagen. Untersuchungen haben gezeigt, dass alles, was wir je in unserem Leben gehört, gesehen oder erlebt haben, in unserem Gehirn abgespeichert ist und unter besonderen Umständen – wie beispielsweise unter Hypnose oder während bestimmter Gehirnoperationen, bei denen die Patienten nur örtlich betäubt werden – wiedererinnert werden kann. Wie wäre es also, wenn Sie das nächste Mal darauf achten, im Beisein Ihres Kindes etwas Positives über Ihr Kind zu sagen? Die Botschaften, die Kinder über ihren Kopf hinweg erhalten, haben meist eine besonders starke Wirkung – im negativen wie auch im positiven Sinne.

Entdecken Sie Ihre Werte

Wir hypnotisieren und beeinflussen also unsere Kinder ohnehin jeden Tag. Warum dann nicht bewusst das vermitteln, was wir für richtig halten?
An dieser Stelle stellt sich die Frage, was *Sie* für richtig und wichtig im Leben halten. In welcher Form möchten Sie den Einfluss nutzen, den Sie zweifelsohne auf Ihr Kind haben? Wie möchten Sie die Psyche Ihres Kindes prägen?
Damit Sie sich das ins Bewusstsein rufen, lade ich Sie jetzt zu einer aufschlussreichen Übung ein. Die Bedürfnis- und Werteliste im Kapitel 9 kann Ihnen dabei möglicherweise eine Hilfe sein.

Elternaufgabe

Erinnern Sie sich an Situationen im Beruf, in der Partnerschaft oder in Freundschaften, in denen Sie freiwillig gegangen sind. Was hat Ihnen damals gefehlt? Was hat Sie veranlasst zu gehen? Bitte notieren Sie einige Stichpunkte.

Erinnern Sie sich nun an Situationen (im Beruf, in der Partnerschaft oder Freundschaft), in denen Sie gern geblieben sind. Was haben Sie in diesen Situationen besonders geschätzt? Was möchten Sie davon noch öfter und intensiver erleben?

Warum haben Sie sich für ein Leben mit Kindern entschieden?

Was schätzen Sie an einem Leben ohne Kinder?

Lesen Sie sich nun noch einmal Ihre notierten Punkte durch und wählen Sie Ihre drei wichtigsten Werte aus.

Wenn Ihnen die Übung Spaß gemacht hat, können Sie nun noch die Rangfolge Ihrer zehn wichtigsten Werte aufschreiben.

Es kann sehr hilfreich sein, wenn Sie sich Ihre wichtigsten Werte auf bunte Karten schreiben und an den Stellen aufhängen, auf die häufig Ihr Blick fällt, wie beispielsweise über dem Schreibtisch, am Kühlschrank oder am Badezimmerspiegel.
Ihre Werte werden Sie so jeden Tag daran erinnern, welchen Einfluss Sie auf die Entwicklung Ihrer Kinder nehmen möchten und was der Hintergrund Ihres pädagogischen Handelns ist. Es gab so manche Situation, in der ich mich mithilfe dieser Übung daran erinnerte, wie wichtig mir Humor ist und es mir daher gelang, statt mit einer Belehrung mit einer humorvollen Bemerkung auf ein Missgeschick zu reagieren.

WELCHE LEBENSEINSTELLUNGEN MÖCHTEN SIE IHREM KIND MITGEBEN?

Neben Ihren Werten bilden Glaubenssätze die Grundlage für die Botschaften, die Sie Ihrem Kind vermitteln. Glaubenssätze sind Überzeugungen, Lebenseinstellungen und Meinungen. Unsere Überzeugungen erwerben wir durch die Meinungen unserer Eltern, Lehrer und Erzieher, durch Erfahrungen und durch unsere Umwelt. Manche Glaubenssätze werden auch über mehrere Generationen „vererbt".
Unsere Glaubenssätze geben uns Orientierung und sie sind in der Regel Wahrnehmungsfilter, durch die wir die Welt – je nach Glaubenssatz – mit misstrauischen, unsicheren, offenen oder liebevollen Augen sehen.
Mit Hilfe unserer Einstellungen interpretieren wir Ereignisse, Situationen und das Verhalten anderer Menschen. Wir schreiben beispielsweise ein Missgeschick unserer Unfähigkeit zu, wenn wir den Glaubenssatz *„Ich kann es nicht."* in uns tragen. Oder wir erklären es uns als kleines Malheur, aus dem wir lernen können, wenn wir von uns glauben *„Ich kann es, und ich lerne jeden Tag etwas Neues dazu."* Sehr häufig sind uns unsere Glaubenssätze nicht bewusst. Wir verinnerlichten als Kind bestimmte Glaubenssätze – und sie wurden uns in einem Alter übermittelt, in dem wir sie noch nicht hinterfragen konnten.
Zu den bekannten Glaubenssätzen, die wir alle schon einmal gehört haben, zählen die sogenannten „Weisheiten". Sie sind besonders gefährlich, weil sie von großen Teilen der Bevölkerung als unhinterfragte Wahrheiten verbreitet werden. Ein Kind ist für solche „Weisheiten" besonders empfänglich, und es dauert – wie Sie vielleicht aus eigener Erfahrung wissen – oft Jahre um zu

erkennen, welch großem Irrtum man erlegen ist. Hier ist eine kleine Auswahl von noch immer sehr häufig benutzten *(hinterfragten)* Volksweisheiten, die das Leben oft eher beschränken als bereichern können:

- Erst die Arbeit – dann das Vergnügen.
  Bereitet Arbeit etwa kein Vergnügen?
- Reden ist Silber, Schweigen ist Gold.
  Warum halten Beziehungen länger, in denen die Partner über ihre Bedürfnisse und Gefühle sprechen?
- Viele Köche verderben den Brei.
  Dagegen spricht: It needs a team to build a dream.
- Wer rastet, der rostet.
  Sollen wir in unserer schnelllebigen Zeit etwa keine Pausen mehr machen?
- Was Hänschen nicht lernt, lernt der Hans nimmermehr.
  Was ist mit den Menschen, die sich bis ins hohe Alter ihre Neugierde und Lern- und Lebensfreude erhalten?
- Immer was Neues und selten was Gutes.
  Warum heißt es nicht: Immer was Neues und so oft was Gutes?

Wie würden Sie sich fühlen, wenn Sie stattdessen an folgende Sätze glauben?

- Alles, was passiert, geschieht zu deinem höchsten Wohl.
- Jedes Verhalten hat eine positive Absicht.
- Der Mensch macht in jeder Situation das, was er am besten kann.
- Jeder hat bereits alles, was er braucht, in sich.
- Jeder Erwachsene ist für sein Wohlbefinden und seine Gefühle selbst verantwortlich.
- Du hast immer eine Wahl.

Glaubenssätze treten immer in Verbindung mit starken Gefühlen auf. Vielleicht haben Sie eben bereits gemerkt, dass Sie sich nach dem Lesen der letzten sechs Sätze anders gefühlt haben als beim Lesen der sogenannten Volksweisheiten. Welche Gefühle typischerweise mit welchen grundlegenden Glaubenssätzen auftreten, verdeutlicht Ihnen die folgende Tabelle:

Glaubenssatz	Gefühle
• Es geht nicht. *Es geht.*	• Hoffnungslosigkeit, Verzweiflung *Hoffnung, Freude*
• Ich kann es nicht. *Ich kann es.*	• Hilflosigkeit *Mut, Vertrauen*
• Ich habe es nicht verdient *Es steht mir zu.*	• Wertlosigkeit, Geringschätzung *Selbstwert, Wertschätzung*
• Ich habe keine andere Wahl. *Ich habe immer eine Wahl.*	• Hoffnungslosigkeit *Freiheit, Selbständigkeit*

Möchten Sie Ihrem Kind einige positive Lebenseinstellungen mitgeben? Aus diesen Glaubenssätzen können Sie hervorragend Botschaften für Ihre Kinder formulieren: *„Es geht!"* • *„Du kannst es!"* • *„Es steht dir zu!"* • *„Du hast immer eine Wahl!"*

Während Sie dieses Buch lesen, wächst Ihr Bewusstsein bezüglich Ihres Sprachgebrauchs, Ihrer Werte und Glaubenssätze. Einige Werte und Glaubenssätze werden Sie möglicherweise durch neue ersetzen, die Ihr Leben und das Ihrer Kinder noch stärker bereichern und die Ihnen noch mehr Verhaltens- und Wahlmöglichkeiten im Leben eröffnen. Sie selbst können entscheiden, was Sie glauben, wie Sie Ihre Umwelt interpretieren und was Ihre Prioritäten im Leben sind. Sie haben immer eine Wahl!

Sie werden auch sensibler auf die Sprache anderer reagieren, und womöglich können Sie sich erklären, warum Sie nach einem Gespräch mit bestimmten Menschen erschöpft und deprimiert sind, während Sie sich nach einer Unterhaltung mit anderen besonders heiter, inspiriert und beflügelt fühlen. Sie werden sich ab sofort weniger auf Schwächen, sondern mehr auf ihre eigenen Stärken und die Stärken Ihres Kindes konzentrieren.

Manche Eltern, Lehrer und Erzieher sind noch immer der Meinung, dass man nicht zu sehr die Stärken der Kinder hervorheben sollte, weil sie sonst eingebildet und egoistisch werden oder sich weniger bemühen – nach dem Motto: Sage Kindern, dass sie schlecht sind, dann werden sie sich bessern. Das ist jedoch nicht der Fall. Mit beängstigenden und demütigenden Äußerungen kann man langfristig nur Verhaltensänderungen erzielen, die auf Angst,

Fremdbestimmtheit und einem gebrochenen Selbstwertgefühl basieren. Positive Botschaften dagegen stärken das Selbstwertgefühl und das Vertrauen in sich selbst und in das Leben – und das ist es doch, was die meisten von uns erreichen wollen.
Positive Botschaften zu vermitteln, bedeutet dabei *nicht*, dass wir von nun an alles beschönigen und unsere Gefühle und Bedürfnisse verleugnen. Im Gegenteil: Wir können und sollten unsere Gefühle offen zeigen und unsere Bedürfnisse benennen – um unserer eigenen psychischen Gesundheit willen und weil wir Vorbilder für unsere Kinder sind. Nur so können Kinder lernen, dass Gefühle gezeigt werden dürfen und die befreiende Wirkung erfahren. Gefühle auszudrücken darf jedoch nicht bedeuten, dass wir andere dabei demütigen und verletzen – erst recht nicht die uns anvertrauten Kinder. Kinder können mit Sätzen wie *„Ich ärgere mich, dass du dein Zimmer immer noch nicht aufgeräumt hast.“* (statt: *„Du bist so faul!“*) oder *„Heute Abend bin ich einfach zu müde dazu.“* (statt: *„Du bist aber auch eine Nervensäge!“*) durchaus etwas anfangen. Erst recht, wenn die Gefühle mit dem übereinstimmen, was sie die ganze Zeit sowieso schon gespürt haben.

Gehen Sie mit gutem Beispiel voran

Ich möchte Sie dazu ermuntern, verstärkt auf Ihre eigenen Gefühle und Bedürfnisse zu achten. Schließlich nützen die besten Erziehungsmethoden nichts, wenn Sie selbst sich nicht auch weiterentwickeln. Ihre Worte sind nur dann glaubwürdig, wenn sie mit Ihren Taten übereinstimmen. Als Vorbild üben Sie den größten Einfluss mit ihrer Persönlichkeit und Ausstrahlung auf das Verhalten, die Ansichten und die Entwicklung Ihres Kindes aus. Sie geben Ihrem Kind die Orientierung. Ihr Kind kann nur dann zu einem selbstbewussten, gesunden Erwachsenen heranwachsen, wenn Sie selbst sich auch zu einer selbstbewussten, gesunden Persönlichkeit entwickelt haben. Investieren Sie also bewusst Zeit in sich selbst, in Ihr Wohlbefinden und in Ihr persönliches Wachstum. Nehmen Sie Ihre eigenen Gefühle und Bedürfnisse ernst. Das wird Ihnen und Ihren Kindern zugute kommen.
Es hilft Ihren Kindern sehr, wenn Sie selbst mit gutem Beispiel vorangehen und sich nicht scheuen, Ihre eigenen Stärken zu zeigen. Mütter oder Väter, die ihr Licht unter den Scheffel stellen, die sich in falsch verstandener Bescheidenheit üben, indem sie selbst ihre Schwächen betonen, tun ihren Kindern keinen

Gefallen, wenn sie sich selbst vor anderen klein machen. Erst kürzlich wurde ich Zeuge eines Gespräches zwischen Müttern, die sich geradezu darin übertrafen zu betonen, wie unförmig ihre Figur sei und wie viel sie seit der Geburt ihrer Kinder zugenommen hätten. Es schien in einen regelrechten Wettbewerb auszuarten, deren Gewinnerin diejenige war, die sich am besten unter ihrem Wert verkaufen konnte.

Ein Kind, das diesem Gespräch lauscht, lernt durch solches Verhalten die Lektion, dass Stärken versteckt und Schwächen hervorgehoben werden sollten. Möchten Sie Ihrem Kind diese Botschaft mit auf den Weg geben?

Marianne Williamson hat zu diesem Thema einige Zeilen geschrieben, die diese Mechanismen beleuchten: *„Unsere tiefste Angst ist es nicht, unzulänglich zu sein. Unsere tiefste Angst besteht darin, grenzenlos kraftvoll zu sein. • Es ist unser Licht, das wir fürchten, nicht unsere Dunkelheit. Du bist ein Kind Gottes. Wenn du dich klein machst, hat die Welt nichts von dir. • Zusammenschrumpfen, nur damit sich andere in unserer Gesellschaft nicht unsicher fühlen, hat nichts mit Erleuchtung zu tun. • Wir wurden geboren, um die Herrlichkeit Gottes in der Welt zum Ausdruck zu bringen. Diese Herrlichkeit ist nicht nur in anderen Menschen - wir alle haben sie. • Und wenn wir unser Licht strahlen lassen, dann geben wir unbewusst auch allen anderen Menschen die Erlaubnis, ihr Licht strahlen zu lassen. • Wenn wir von der Angst befreit sind, wird unsere Gegenwart automatisch auch auf andere Menschen befreiend wirken."*

Zusammenfassung:

- Ihre Botschaften haben oft die Wirkung einer sich selbst erfüllenden Prophezeihung.
- Sie beeinflussen den Geist Ihres Kindes ohnehin jeden Tag. Warum dann nicht bewusst das vermitteln, was Ihrem Kind gut tut?
- Hypnose ist ein fester Bestandteil unseres Alltags. Nutzen Sie deshalb die Kraft der hypnotischen Sprache.
- Das menschliche Gedächtnis erinnert sich an alles.
- Mit Ihrer Sprache, Ihrem Verhalten und Ihren Lebenseinstellungen üben Sie den größten Einfluss auf Ihr Kind aus.

Botschaft an Sie als Eltern: **Sie haben immer eine Wahl**

Die Wirkung von positiven und negativen Botschaften

Zunächst einmal stellt sich die Frage: Was sind eigentlich positive und was sind negative Botschaften? Unter positiven Botschaften verstehe ich Äußerungen, die unser Bedürfnis nach Respekt, Liebe, Wertschätzung, Anerkennung oder Unterstützung erfüllen. Eine positive Botschaft können wir daran erkennen, dass wir uns anschließend erfreut, fröhlich, zufrieden, sicher oder hoffnungsvoll fühlen. Positive Botschaften haben die Macht, andere zu inspirieren und zu stärken. Sie haben eine heilsame Wirkung auf kleine und große Menschen. Sie bringen sie dazu, sich wohler zu fühlen, ermutigen zum Sprechen, helfen ihnen, ihre Gefühle auszudrücken, fördern ein Gefühl des Wertes und der Selbstachtung. Sie reduzieren Bedrohung oder Angst und ermöglichen Entfaltung und konstruktive Veränderungen.

Eine negative Botschaft dagegen erfüllt unsere Bedürfnisse nicht, und wir fühlen uns danach ängstlich, verärgert, traurig, verwirrt oder hilflos. Negative Botschaften haben die Macht, andere zu verletzen oder zu demütigen. Sie vermitteln Kindern und Erwachsenen das Gefühl, verurteilt oder schuldig zu sein. Sie schränken die Äußerung ehrlicher Empfindungen ein, bedrohen den Menschen, nähren Gefühle des Unwertes oder der geringen Selbstachtung und verhindern Entfaltung und konstruktive Veränderungen, indem sie den Menschen dazu veranlassen, seine Art heftiger zu verteidigen.

Wenn wir etwas *zu* unserem Kind sagen, sagen wir häufig etwas *über* unser Kind. Darum hat unsere Botschaft einen so großen Einfluss auf unser Kind als Person und auch auf die Beziehung zwischen uns und unserem Kind. Jede Mitteilung sagt dem Kind etwas darüber , was wir von ihm denken. Allmählich macht es sich ein Bild davon, wie wir es als Person sehen.

Damit Sie Ihr Gespür dafür verfeinern, welche Botschaften Kindern wirklich gut tun, lade ich Sie dazu ein, für einen Moment innezuhalten und die Botschaften aufzuschreiben, die Sie selbst als Kind besonders beeindruckt haben – ja, die vielleicht sogar viele Jahre Ihr Bild von sich selbst oder vom Leben geprägt haben.

Elternaufgabe

Welche negativen Botschaften haben Sie als Kind erhalten?	Wie haben Sie sich danach gefühlt?

Welche positiven Botschaften haben Sie als Kind erhalten?	Wie haben Sie sich danach gefühlt?

Vielleicht haben Sie auch gerade festgestellt, dass Sie eine negative Botschaft, die Sie in ihrer Kindheit hörten, schon einmal an Ihren Nachwuchs weitergegeben haben. Über diese Erkenntnis können Sie sich jetzt freuen, denn: Selbsterkenntnis ist der erste Schritt auf dem Weg der Veränderung.

Wir können uns schließlich nur so weit in die Lage unserer Kinder versetzen und ihre Bedürfnisse erahnen (wenn sie diese noch nicht selbst äußern können), wenn wir uns unserer eigenen Erfahrungen und Gefühle bewusst sind.

Hinter einer negativen Botschaft stecken fast immer unerfüllte Bedürfnisse. Allerdings erfüllen sich unsere Bedürfnisse noch lange nicht, indem wir eine negative Botschaft äußern. Die erhoffte Erleichterung erfahren wir dadurch nicht. Im Gegenteil: Indem wir dazu beitragen, dass andere sich unwohl fühlen, geht es uns selbst ebenfalls schlechter. Mit einer negativen Botschaft erreichen Sie auch selten – wenn überhaupt – die erwünschte Verhaltensänderung bei einem Kind oder Erwachsenen. Können Sie mir noch einen Grund nennen, warum wir eine Botschaft, die Kinder verletzt oder demütigt, aussenden sollten?

Worauf wir im Gespräch mit unseren Kindern verzichten können

Wir können also getrost auf eine Vielzahl von Äußerungen gegenüber unseren Kindern verzichten, die vielerorts ganz selbstverständlich zur „Erziehungssprache“ gehören. Hier einige Beispiele:

Demütigende Äußerungen:
„Du hast sie wohl nicht mehr alle?“
„Sag mal, tickst du noch ganz richtig?“

Negative Du-Botschaften:
„Du bist so zickig, egoistisch, faul, dumm, ungeschickt, ...“
„Hör sofort auf damit, du freches Gör.“

Erniedrigende Kosenamen, auch wenn sie liebevoll gemeint sind:
„Das verstehst du sowieso noch nicht, mein kleines Dummerchen.“
„Lass nur! Ich mach das für dich, mein süßer Tollpatsch.“

Vergleiche ziehen:
„Du bist genauso schlecht in Mathe wie ich.“
„Kannst du nicht einmal so lieb sein wie deine Schwester?“

Mit schlechtem Beispiel vorangehen:
„Wenn du ihm noch einmal drohst, wirst du mich kennen lernen.“
„Jetzt reiß dich verdammt noch mal zusammen.“

Stolz über ein Verhalten zeigen, das unweigerlich zu Schwierigkeiten führen wird:
„Jetzt hat er`s ihm aber heimgezahlt. Ganz der Papa, unser Sohn!“

Schuldgefühle wecken:
„Du machst uns noch krank mit deinen Geschichten.“
„Deinetwegen haben wir auf so vieles verzichtet!“

Solche Äußerungen können Ihr Kind stark verletzen und Narben auf der Kinderseele hinterlassen. Die seelischen Narben kann man zwar nicht wie die körperlichen Narben sehen, aber Ihr Kind wird sie genauso spüren, und es wird in bestimmten Situationen besonders empfindlich und leicht verletzbar sein.
Damit so eine Äußerung keine tiefe Wunde hinterlässt, wird es Ihrem Kind in Zukunft helfen, wenn Sie sich dafür mit folgenden Worten entschuldigen. *„Es tut mir leid, wenn ich dir eben weh getan habe."* So kann eine kleine Wunde schnell heilen, ohne dass daraus eine bleibende Narbe entsteht.
Doch vorsorgen ist besser als heilen. Positive Botschaften stärken Ihr Kind geistig, seelisch und dadurch auch körperlich. Sie werden meist aus dem Wunsch gesendet, das eigene Glück zu teilen oder den anderen zu bestärken. Die Motivation hinter einer positiven Botschaft ist häufig der Wunsch, das Leben des anderen zu bereichern.
Mit positiven Botschaften können Sie tatsächlich das Leben Ihrer Kinder und Ihrer Mitmenschen bereichern. Sie können dazu beitragen, dass andere sich bestärkt, beschwingt oder hoffnungsvoll fühlen. Eine große Auswahl an positiven Botschaften finden Sie im Glückskarten-Set am Ende dieses Buches.
Mit Ihren Botschaften ist es letztlich wie mit einem Bumerang: Das Positive, das wir aussenden, kommt zu uns zurück, indem es das Leben unserer Kinder und unserer Mitmenschen bereichert und wir uns wiederum daran erfreuen können.

Zusammenfassung:

- Die Wirkung von negativen Botschaften:
  Negative Botschaften demütigen, verletzen und schwächen Kinder. Sie bewirken, dass sich Kinder wertlos, dumm, hilflos, traurig, wütend oder unsicher fühlen.
- Die Wirkung von positiven Botschaften:
  Positive Botschaften machen Kinder selbstbewusst, stark, fröhlich und unterstützen sie in ihrer Entwicklung zu gesunden, starken Persönlichkeiten.
- Unterstützen Sie Ihr Kind mit positiven Botschaften.

Warum Eltern ihre Kinder mitunter demütigen

Fast jedem Elternteil entfährt hin und wieder eine ablehnende, demütigende oder verletzende Äußerung gegenüber seinem Kind. An dieser Stelle ein schlechtes Gewissen zu bekommen, hilft jedoch weder Ihnen noch Ihrem Kind. Viel sinnvoller ist es, wenn wir versuchen, uns selbst zu verstehen, also versuchen zu verstehen, warum wir im Umgang mit unseren Kindern auf ablehnende Worte zurückgreifen. Meist geschieht das aus den folgenden vier Gründen:

1) Sie sagen, was Sie selbst in der Kindheit gehört haben

Tatsächlich wiederholen wir automatisch das meiste von dem, was wir in der eigenen Kindheit erlebt haben. Vielleicht haben Sie sich selbst schon einmal dabei ertappt, dass Sie dachten *„Diese Worte hätten auch aus dem Munde meiner Mutter (oder meines Vaters) kommen können.“ oder „Ich werde meinem Vater (oder meiner Mutter) immer ähnlicher.“* Unbewusst wiederholen wir gerade im Umgang mit Kindern das, was uns vorgelebt wurde – zumindest, wenn wir nichts Neues hinzugelernt haben. Und wer von uns hat schon eine Elternschule besucht, in der uns beigebracht wurde, wie wir einfühlsam und erfolgreich (in Bezug auf unsere Erziehungsziele) mit unserem Nachwuchs sprechen?
Manche Eltern übernehmen auch bewusst ein verletzendes Verhalten ihrer Eltern, weil sie den Schmerz, den sie damals dabei spürten, verdrängt haben. Nur so lässt sich erklären, warum Eltern, die ihr Kind schlagen, das mit den Worten begründen: *„Aus mir ist doch auch ein anständiger Mensch geworden, dann werden ein paar Schläge meinem Kind wohl auch nicht schaden.“*
Vielleicht gehören Sie auch zu den Menschen, die sich vorgenommen haben, vieles – wenn nicht gar alles – anders zu machen als Ihre Eltern. Wenn Sie sich beispielsweise aufgrund der eigenen schmerzhaften Erinnerungen vorgenommen haben, Ihrem Kind nie ein lautes, unfreundliches oder wütendes Wort zu sagen, kann es sein, dass Ihr Kind darunter leidet, Sie nicht als authentische, aufrichtige Person zu erleben, die ihre wahren Gefühle zeigt und die ihm ein Vorbild in Bezug auf das eigene Äußern von Gefühlen und Bedürfnissen ist.
Und es gibt noch diejenigen unter uns, denen es grundsätzlich schwer fällt, die eigenen Bedürfnisse wahrzunehmen, geschweige denn ernst zu nehmen.

Ihnen wird es nicht leicht fallen, den eigenen Kindern, dem Partner, Freunden oder Kollegen eine Grenze zu setzen, zu sagen: *„Stop, bis hierhin und nicht weiter.“ oder „Nein, das ist mir jetzt zu viel.“* oder *„Nein, das ist mir jetzt zu viel.“*
Menschen, die für alle anderen viel Verständnis aufbringen, denen es aber an einem Verständnis für die eigenen Gefühle, Bedürfnisse und Wünsche mangelt. Menschen, die sich immer, wenn sie einen zaghaften Impuls spüren, der nicht konform mit den Bedürfnissen anderer geht, fragen: *„Habe ich überhaupt ein Recht darauf, mich so zu fühlen oder dieses Bedürfnis zu spüren und zu äußern?“*
Wer so wenig in Kontakt mit seinen eigenen Gefühlen und Bedürfnissen ist, neigt dazu, eine Menge Ärger und Frust aufzustauen, der sich dann oft in heftigen, für das Kind überraschenden und unverständlichen Gefühlsausbrüchen entlädt.
Einfach hört sich das alles nicht an, oder? Doch es tut gut zu wissen, dass es ganz leicht sein kann, alte Programmierungen zu überwinden. Einen großen Schritt tun Sie bereits, indem Sie dieses Buch lesen.

2) Sie glauben, es sei das Beste für Ihr Kind

Der Mensch macht in jeder Situation das, was er am besten kann. Das bedeutet, dass jeder von uns entsprechend seinen persönlichen Möglichkeiten handelt. Wir haben nur dann eine Chance unser Verhalten zu verändern, wenn wir neue Wahlmöglichkeiten haben. Sie haben bislang also stets in der bestmöglichen Weise, die Ihnen zur Verfügung stand, mit Ihrem Kind kommuniziert. Doch „gut gemeint“, bedeutet nicht gleich „gut gemacht“.
Sie lernen in diesem Buch viele neue Möglichkeiten kennen, wie Sie mit Ihren Kindern sprechen können. Und je mehr Wahlmöglichkeiten Sie haben, umso mehr Freiheit können Sie und Ihre Kinder erleben. Also raus aus den alten Verhaltensmustern und eine neue Reaktion einüben! Das kann so erfrischend sein wie der Wechsel von der lange getragenen Wintergarderobe zu einem neuen Frühlingsoutfit.

3) Sie sind mit einigen Bereichen in Ihrem Leben unzufrieden

Eine generelle Unzufriedenheit mit Ihrer momentanen Lebenssituation kann dazu führen, dass Sie leichter gereizt und aufbrausender sind als sonst und

Ihnen entsprechend schneller eine verletzende Bemerkung gegenüber Ihrem Kind über die Lippen kommt. Dann kann es helfen, sich mit den folgenden Fragen zu beschäftigen: Warum bin ich so angespannt? Was brauche ich, um mich ausgeglichen und entspannt zu fühlen? Welche Bereiche in meinem Leben (Gesundheit/Fitness, Familie, Partnerschaft, Beruf, Erholung, Freundschaften) möchte ich verändern? Welche Ziele und Träume möchte ich in meinem Leben noch verwirklichen?

Manchmal kann schon das konkrete Einplanen von Pausen in einem hektischen Familienalltag Erleichterung schaffen. Mitunter ist es aber auch sinnvoll, sich Zeit zu nehmen, um eine Bilanz in den verschiedenen Lebensbereichen zu ziehen und sich neue Ziele zu setzen. Eine veränderte Perspektive kann mitunter Wunder wirken und Ihnen neue Kraft schenken.

4) Ihre Nerven liegen blank

Wenn Sie mit der Aufgabe, Tag und Nacht für das Wohlergehen Ihres Kindes zu sorgen, überlastet sind, in anderen Bereichen – intellektuell oder körperlich – hingegen häufig unterfordert sind, wenn Sie sich Sorgen um Ihre finanzielle Situation machen oder unfruchtbare Auseinandersetzungen mit Ihrem Partner haben, kann es leicht dazu führen, dass sich Ihre Nerven wie dünne Bindfäden anfühlen, die jederzeit reißen können. Jeder, der Kinder hat oder mit Kindern arbeitet, kennt das Gefühl: Die Nerven liegen blank. Weil Kinder sich noch nicht so gut zur Wehr setzen können wie Erwachsene und die meisten von uns Kindern nicht annähernd so viel Respekt entgegenbringen wie einem Erwachsenen, fällt es vielen Eltern sehr viel leichter, den aufgestauten Ärger und Frust an ihren Kindern auszulassen, anstatt ihn dort zu äußern, wo er hingehört: beim Partner, Vorgesetzten, Kollegen oder Vermieter.

Kinder leiden unter solchen Zornesausbrüchen besonders, weil sie noch keine Strategien entwickelt haben, wie sie mit solchen Verletzungen umgehen können. Sie nehmen grundsätzlich alles persönlich und fühlen sich dafür schuldig, dass es Ihnen, den Eltern, nicht gut geht. Kinder fühlen sich aufgrund der tiefen Liebe, die sie zu ihren Eltern empfinden, immer zuständig, wenn es ihrer Mutter oder ihrem Vater nicht gut geht – mitunter viel mehr als die Eltern das im umgekehrten Fall tun.

Außerdem zeigt ein Wutausbruch meist nur kurzfristig die gewünschte Verhaltensänderung. Ihr Kind wird sich danach wahrscheinlich verängstigt, hilflos, verzweifelt oder wütend fühlen – und deshalb noch weniger in der Lage sein, sein Verhalten zu ändern.

5) Wie Sie Spannungen effektiver abbauen können

Anstatt Ihre Wut und Ihren Frust auf dem Rücken Ihrer Kinder auszutragen, gibt es sehr viel effektivere Methoden, Dampf abzulassen. Sie können Spannungen hervorragend durch Sport, körperliche Arbeit oder einen langen Spaziergang abbauen. Auch ein langes Gespräch mit einem Freund oder einer Freundin, eine Massage oder Yogaübungen sind überaus wirkungsvolle Formen der Entspannung. Wenn Sie sich gerade von Ihrem Kind auf die Palme haben bringen lassen, kann es sehr hilfreich sein, tief durchzuatmen und langsam bis fünf zu zählen. Höchstwahrscheinlich entwickeln Sie schon bald Ihre eigene Strategie, wie Sie von der Palme wieder herunter kommen.

Grundsätzlich können viele Eltern noch lernen, dass es ebenso wichtig ist, sich um das eigene Wohlbefinden zu kümmern, wie für die Kinder zu sorgen. Überraschenderweise tun Sie mehr für Ihre Kinder, wenn Sie jeden Tag etwas Zeit für sich, für Ihre Gesundheit, Entspannung und Interessen einräumen, als wenn Sie sich ununterbrochen für Ihre Familie aufopfern. Nur wenn es Ihnen selbst gut geht, kann es auch Ihren Kindern gut gehen. Nur wenn Sie selbst stabil und ausgeglichen sind, können Sie Ihrem Kind das geben, was es wirklich braucht: starke und stabile Eltern.

An dieser Stelle mag es hilfreich sein, Demut gegenüber den eigenen (Erziehungs-) Fehlern zu entwickeln, was nicht bedeutet, dass wir uns darauf ausruhen sollten. So wie wir unser Päckchen für das Leben von unseren Eltern mitbekommen haben, geben wir auch unseren Kindern Ihr Päckchen mit. Teil der Lebensaufgabe Ihres Kindes wird es sein, das Beste aus dem Inhalt dieses Päckchens zu machen.

Zusammenfassung:

- Vier Gründe, warum wir negative Botschaften aussenden:
  - Sie sagen, was Sie selbst in der Kindheit gehört haben.
  - Sie glaubten, dass es das Beste für Ihr Kind sei.
  - Sie sind mit einigen Bereichen in Ihrem Leben unzufrieden.
  - Ihre Nerven liegen blank.
  - Sie tun das Beste, was Ihnen in dieser Situation möglich ist.
  - Spannungen können Sie effektiver abbauen.

Der Ton macht die Musik: Es kommt darauf an, *wie* wir etwas sagen

Es kommt nicht nur darauf an, *was* Sie Ihrem Kind sagen, sondern auch darauf, *wie* Sie es sagen. Schauspieler lernen ihre Betonung bewusst einzusetzen und ihren Aussagen dadurch eine besondere Qualität zu verleihen. Gute Schauspieler sind z. B. in der Lage, das Wort *„Nein"* mit mindestens sechzehn verschiedenen Bedeutungen auszusprechen, u. a. wie ein zustimmendes *„Ja"*, wie ein entsetztes *„Nein"*, wie ein belustigtes *„Sei nicht albern"* oder wie ein extrem nachdrückliches *„Nein. Selbst dann nicht, wenn die Hölle zufrieren sollte!"*. Auch ein *„Ja"* kann man auf herrlich vielfältige Weise aussprechen. Kinder lieben übrigens solche Übungen. Sich gegenseitig auf die unterschiedlichste Weise ein *„Ja"* oder ein *„Nein"* zuzubrüllen oder zuzuhauchen, macht nicht nur großen Spaß, es macht uns auch die Macht unserer Betonung, Lautstärke und Körpersprache bewusst. Indem Kinder spielerisch damit experimentieren, erleben sie, dass ein und dieselbe Aussage die unterschiedlichsten Dinge ausdrücken kann – ja, dass sie die Bedeutung sogar ins Gegenteil verkehren können.

Experimentieren auch Sie mit Ihrer Stimme. Wenn es um Sie herum immer lauter wird, mehrere Kinder gleichzeitig reden, versuchen Sie einmal, selbst nicht auch lauter zu werden, sondern Ihre Stimme zu senken und leiser weiterzusprechen. Sie werden vielleicht überrascht sein, dass Kinder dann auch meist ruhiger werden. Weil sie ja verstehen wollen, was Sie sagen. Und Ihre leiser gewordene Stimme ist nur zu verstehen, wenn Ruhe herrscht.

In der Regel passen wir unseren Tonfall und unsere Körperhaltung unbewusst der jeweiligen Situation an. Unser Tonfall ist beim Schmusen, bei Gesprächen oder Diskussionen, beim Toben oder Spielen jeweils ein völlig anderer. Meist ist er Ausdruck für unsere Gefühle und Stimmungen.
Bei einigen Elternteilen ist es allerdings zur Gewohnheit geworden, mit ihrem Kind die meiste Zeit in einem bestimmten Tonfall zu sprechen. Dieser Umgangston enthält dann eine Botschaft, die sich tief ins Unterbewusstsein eingräbt und die Psyche ihres Kindes mitprägt. Einige Grundmuster, die ich besonders häufig beobachtet habe, möchte ich Ihnen vorstellen.

Der autoritäre Umgangston

Eltern verwenden besonders häufig einen autoritären und strengen Tonfall, wenn sie Erziehung als Machtkampf betrachten und große Angst davor haben, die Kontrolle über das Verhalten ihres Kindes zu verlieren. Sie haben Angst davor, dass ihr Kind ihnen eines Tages „auf der Nase herumtanzen“ wird, wenn sie ihm nicht beizeiten beibringen, dass es Anweisungen einfach und unhinterfragt auszuführen hat. Interessanterweise habe ich in der Schule beobachtet: Ein Kind, das sich nur selten an die Regeln hält, das auf eine freundliche Bitte oder Ansage gar nicht erst reagiert, kommt oft aus einem sehr autoritären Elternhaus. Dieses Kind hat noch nicht gelernt, dass eine freundlich aber bestimmt vorgetragene Bitte oder Anweisung genauso ernst gemeint ist wie die strenge, laute Anweisung der Eltern zu Hause.
Es gibt aber auch Kinder, die auf einen autoritären Tonfall nicht mit Rebellion, sondern mit Schüchternheit und Unsicherheit reagieren. Doch wie die Reaktion auf den häuslichen Umgangston auch sein mag – die Botschaft, die Kinder autoritärer Eltern erhalten, bleibt die Gleiche: *„Du sollst gehorchen! Deine eigenen Gefühle und Bedürfnisse sind nicht wichtig.“*

Der genervte Umgangston

Überlegen Sie einmal kurz, wie Sie sich fühlten, wenn Ihr Partner die meiste Zeit in einem genervten und gereizten Ton mit Ihnen spräche. Denken Sie auch daran, dass Sie (hoffentlich) dazu in der Lage sind, Ihren Unmut zu artikulieren und, wenn Sie keine Änderung erkennen, gehen können. All das kann Ihr Kind aber noch nicht tun. Es kann sich weder angemessen mit Worten zu

Wehr setzen, noch kann es die Flucht ergreifen. Es ist – zumindest in jungen Jahren – vollkommen von Ihnen und Ihren Stimmungen abhängig. Meist hat es auch noch keine Vergleichsmöglichkeiten und weiß noch nicht, dass es andere Eltern gibt, die mit ihren Kindern in einem freundlichen und respektvollen Ton sprechen. Es glaubt, es sei ganz normal, wenn Eltern die meiste Zeit in einem gereizten Tonfall mit ihrem Kind reden.
Weil Kinder sich fast immer dafür schuldig fühlen, wenn es ihren Eltern nicht gut geht, sie deprimiert oder genervt sind, wird es auch den ständig gereizten Unterton auf sich beziehen. Mit größter Wahrscheinlichkeit wird es die Botschaft heraushören: *„Du nervst.“*

Der verniedlichende Umgangston

Manche Eltern reden mit einem Kind eine Tonlage höher als mit einem Erwachsenen. Bei einem Baby mag das noch angemessen sein. Untersuchungen haben sogar ergeben, dass ein Säugling eindeutig stärker auf die sogenannte „Ammensprache“ reagiert als auf die „normale“ Alltagssprache eines Erwachsenen. Auch Sie haben mit Ihrem Säugling vermutlich in der Ammensprache gesprochen: Sie haben die Stimme verändert, etwas höher gesprochen und einfache, immer wiederkehrende Sätze oder kurze Fragen wie *„Ja, was denn?“* gegurrt. So albern diese Sprache auf manche Erwachsene auch wirken mag, Säuglinge lieben diesen „Babytalk“ und brauchen ihn sogar für die Entwicklung ihres späteren Sprachverständnisses. Spätestens jedoch ab dem Kleinkindalter ist es sinnvoll, von der Babysprache in einen normalen Umgangston zu wechseln. Ich habe schon Mütter und Väter erlebt, die noch mit ihren sechsjährigen Kindern einige Tonlagen höher sprachen als mit einem Erwachsenen. Sie können sich sicher vorstellen, dass solch ein Umgangston Folgen für das Kind hat. Das Kind erhält dadurch die indirekte Botschaft: *„Du kannst mich noch nicht verstehen, wenn ich normal mit dir rede. Ich nehme dich nicht ernst. Ich traue dir nicht viel zu.“*

Tipp

Nehmen Sie Ihr Kind von Anfang an ernst. Behandeln Sie es als ernst zu nehmenden Menschen.

Der freundlich bestimmte Umgangston

Die Kinder, die ich als besonders aufgeschlossen, selbstbewusst und ausgeglichen erlebe, wachsen meist in Familien auf, in denen ein freundlicher, liebevoller Umgangston herrscht, der jedoch – wenn es um die Einhaltung von Regeln und Vereinbarungen und die Berücksichtigung von Bedürfnissen geht – auch sehr bestimmt werden kann.

Die siebenjährige ***Anna*** *beispielsweise erfährt grundsätzlich eine zugewandte, freundliche Ansprache. Dabei bleiben ihre Eltern aber stets authentisch, d. h. sie geben sich nicht liebevoll, freundlich und ruhig, wenn ihnen nicht danach zumute ist. Sie zeigen und sagen Anna ihre Gefühle, allerdings ohne sie dabei zu verletzten oder zu demütigen. Es kommt auch durchaus vor, dass ihre Eltern mal losbrüllen, allerdings tun sie das in einer gewaltfreien Sprache: Sie sagen (oder brüllen), wie sie sich fühlen, sie formulieren ein Bedürfnis und eventuell eine konkrete Bitte (z.B. „Du kommst heute zum dritten Mal zu spät nach Hause. Das ärgert mich, weil ich mir wünsche, dass wir uns aufeinander verlassen können. Bitte komm morgen zur verabredeten Zeit nach Hause.“) Nachdem die Mutter so ihrem Ärger Luft gemacht hat, ist sie schon bald in der Lage, in einen freundlichen Tonfall zurück zu wechseln.*
Indem Anna eine Mutter zum Vorbild hat, die ihre eigenen Bedürfnisse ebenso respektiert wie die ihrer Tochter und die in der Lage ist, liebevoll und freundlich mit ihrer Tochter umzugehen, lernt Anna selbst, freundlich und respektvoll mit anderen zu sprechen. Sie erhält durch die Art, wie ihre Eltern mit ihr reden, die Botschaft: „Ich nehme dich ernst. Du bist mir wichtig.“

Das sind die vier grundsätzlichen Möglichkeiten, die Eltern in ihrem Umgangston mit Kindern haben. Diese Übersicht soll sie nicht mit Schuldgefühlen belasten, sondern Ihnen verdeutlichen: Sie haben die Wahl.

Kapitel 4: Das Wichtigste in Kürze

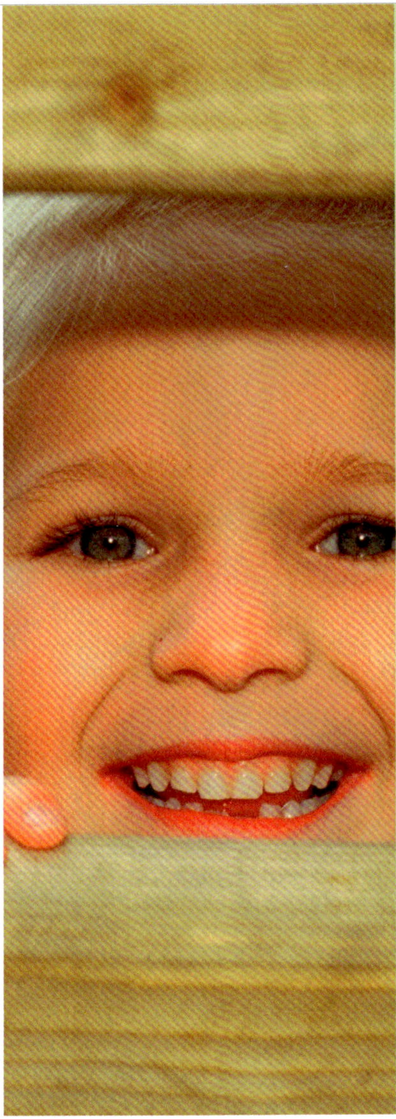

- Vermeiden Sie demütigende Botschaften, weil sie Ihrem Kind damit nicht gut tun.
- Nutzen Sie die Macht der positiven Botschaften: So machen Sie Ihr Kind stark, selbstbewusst und glücklich.
- Ein freundlicher und respektvoller Umgangston gibt Ihrem Kind Selbstvertrauen und Sicherheit. Er hilft ihm, selbst freundlich und respektvoll zu sein.
- Entladen Sie Ihre Wut und Spannungen nicht durch verletzende Bemerkungen. Frust kann man viel effektiver abbauen.

Botschaft an Sie als Eltern:

Sie geben in jeder Situation Ihr Bestes

5

Was sagen Sie Ihrem Kind?

„Worte sind Fenster. (Oder sie sind Mauern.)“

(Ruth Bebermeyer)

Was Sie Ihrem Kind sagen können

Kennen Sie das Gefühl, sprachlos zu sein? Rutschen Ihnen mitunter Sätze heraus, die Ihnen als Kind gesagt wurden und von denen Sie sich vorgenommen haben, diese Worte niemals an Ihre Kinder weiterzugeben? Hören Sie sich selbst Sätze sagen, bei denen Sie froh sind, dass sie niemand außer Ihrem Kind gehört hat? Dann geht es Ihnen wie mir und wie vielen anderen Eltern auch. In unserem Alltag mit Kindern erleben wir täglich Situationen, in denen wir mit Worten oder Taten reagieren müssen. Und wenn wir das nicht tun und nur passiv dem Geschehen folgen, werden unsere Kinder sehr schnell eine Reaktion von uns einfordern.

In der Regel machen wir uns keine Gedanken darüber, was wir unseren Kindern in den jeweiligen Situationen sagen. Wir äußern uns spontan und greifen dabei ganz automatisch auf Bekanntes zurück. Leider ist das Bekannte nicht immer auch das, was sich bewährt hat. Sei es, dass unsere Botschaft keine Wirkung zeigt, dass sie eher das Gegenteil von dem bewirkt, was wir eigentlich wollen oder dass sie das Kind verletzt oder kränkt.

Um überholte Sprachmuster ändern zu können, brauchen wir eine neue Auswahl an Botschaften, die Ihrem Kind und Ihnen weiterhelfen. In diesem Kapitel und auf den Glückskarten am Ende dieses Buches stelle ich Ihnen daher eine Vielzahl an Botschaften vor, die Sie Ihrem Kind in typischen Alltagssituationen sagen können. Sie entscheiden selbst, welche zu Ihnen und Ihren Zielen im Umgang mit Kindern passen. Wichtig ist, dass Sie diese Botschaften so verinnerlichen, wie Sie Handlungsabläufe beim Autofahren automatisiert haben: Wenn Ihnen ein Auto die Vorfahrt nimmt, dürfen Sie nicht erst lange überlegen, wo die Bremse ist. Sie müssen die Handlung so verinnerlicht haben, dass Sie automatisch sofort Ihren rechten Fuß auf die Bremse setzen.

Wenn Ihr Kind also gerade auf einem hohen Baum sitzt und der Ast sich schon bedenklich biegt, haben Sie keine Zeit zum Überlegen, was Sie als nächstes sagen werden. Ebenso automatisch muss Ihnen die passende Botschaft über die Lippen kommen, wenn Ihr Kind auf den Nachbarsjungen einschlägt, es gerade einen Unfall hatte, es weinend auf Sie zurennt oder Ihnen von seinem Problem erzählt. Es gibt täglich unzählige Situationen, in denen Sie mit Ihren Worten Ihr Kind wirklich unterstützen können. Und genau das lernen Sie mit diesem Buch und den Glückskarten am Ende dieses Buches.

ZUSAMMENFASSUNG:

- Um Ihre Sprachgewohnheiten zu ändern, brauchen Sie eine neue Auswahl an Botschaften.
- Verinnerlichen Sie die neuen Aussagen ebenso, wie Sie die Handlungsabläufe beim Autofahren automatisiert haben.
- Es tut Ihnen gut, eine große Auswahl an Botschaften zu haben.

WAS SIE IHREM KIND SAGEN KÖNNEN, WENN SIE IHRE LIEBE UND ZUNEIGUNG AUSDRÜCKEN MÖCHTEN

Fast jedes Kind wird von Herzen geliebt, doch viele Kinder wissen nichts davon. Denn obwohl wir liebevoll empfinden, teilen wir es oftmals nicht mit. Viele Menschen sterben mit der Überzeugung, dass sie nur eine Enttäuschung und Last für ihre Eltern gewesen sind. Wenn es Eltern gelingt, dieses Missverständnis auszuräumen, tragen sie sehr zum Glück ihrer Kinder bei. Wenn Ihre positiven Botschaften mindestens genauso kräftig und verlässlich ausfallen wie die Botschaften, mit denen Sie Ihrem Kind Ihre Wut oder Enttäuschung mitteilen, bieten Sie Ihrem Kind eine gute Grundlage, sich gesund zu entwickeln.
Bitte beachten Sie dabei, dass Ihre Zuneigung nicht an bestimmte Dinge gekoppelt ist. Botschaften wie *„Ich hab dich lieb, wenn du eine gute Klassenarbeit schreibst.“* oder *„Mama hat dich ganz besonders lieb, wenn du auf die Toilette gehst anstatt in die Windel zu machen.“* vermitteln Ihrem Kind, dass es sich Ihre Zuneigung erst „erkaufen“ muss. Die wunderschöne Idee, dass ich nicht dafür geliebt werde, was ich tue, sondern dafür, wer ich bin, wird sonst zunichte gemacht.

TIPP

- Koppeln Sie Ihre Liebe und Zuneigung nicht an Bedingungen.
- Schenken Sie Ihrem Kind Ihre bedingungslose Liebe und teilen Sie ihm diese mit.

Bedenken Sie auch, dass alle Ihre Botschaften nur dann eine Wirkung haben, wenn sie ehrlich gemeint sind und von Herzen kommen. Kinder haben hochsensible Antennen dafür, wann wir etwas ernst meinen und wann nicht. Lassen Sie sie also schon bald in den Genuss einer aufrichtigen positiven Botschaft kommen.

Positive Botschaften:

„Ich bin so froh, dass es dich gibt."
„Ich freue mich so, dass du bei uns bist."
„Ich bin glücklich, dass du mein Sohn / meine Tochter bist."
„Wir haben dich so gern."
„Ich hab dich lieb."
„Ich mag dich, so wie du bist."
„Ich liebe dich, weil du du bist."
„Wir werden immer für dich da sein."
„So wie du bist, bist du vollkommen in Ordnung."
„Ich bin so stolz auf dich!"

Elternaufgabe

Sie können sich hier einige Sätze notieren, die Sie Ihrem Kind schon bald sagen wollen. Wenn Sie sich die Botschaften aufschreiben, können Sie sich mit Leichtigkeit daran erinnern.

Wie möchten Sie Ihrem Kind in Zukunft sagen, dass Sie es lieben?

Was Sie Ihrem Kind sagen können, wenn Sie sich über sein Verhalten oder seine Leistungen freuen

Lob ist in unserer Kultur und in unseren Schulen das Mittel, um die Motivation unserer Kinder zu erhöhen. Machen Sie sich aber bitte klar, welchen Preis Ihr Kind dafür zahlen muss, wenn es dafür belohnt und gelobt wird, lieb, brav und artig zu sein. Die meisten Erwachsenen sind süchtig nach einem Lächeln, einem wohlwollenden Schulterklopfen, den Urteilen anderer Leute, dass sie „gute Menschen“, „gute Eltern“, „gute Freunde“ oder „gute Mitarbeiter“ usw. sind. Sie alle wurden in ihrer Kindheit für ihr „schlechtes“ Verhalten getadelt und für das „gute“ Verhalten gelobt.
Aber ist es nicht tragisch, sich so sehr dafür anzustrengen, Liebe zu erkaufen und davon auszugehen, man müsse sich selbst verleugnen und tun, was andere von einem erwarten, um gemocht zu werden?
Komplimente – auch wenn sie noch so positiv klingen – sind oft Urteile über andere. Sie sagen nichts darüber aus, wie sich der Sprecher fühlt oder was in ihm vor sich geht. Allzu häufig werden Komplimente oder Lob missbraucht, um das Verhalten eines kleinen oder großen Menschen zu manipulieren. Das Schöne einer Wertschätzung geht allerdings verloren, wenn wir die heimliche Absicht dahinter entdecken und wir spüren: Man will etwas Bestimmtes von uns. Oder würden Sie sich tatsächlich über das Lob Ihres Vorgesetzten freuen, wenn Sie spüren, dass sie oder er Sie nur zu einer schnelleren Arbeitsweise animieren möchte? Wohl kaum.
Marshall B. Rosenberg schlägt stattdessen vor, dass wir unsere Wertschätzung folgendermaßen äußern:

- Benennen Sie die **Handlungen**, die zu Ihrem Wohlbefinden beitragen.
- Äußern Sie die **Bedürfnisse**, die sich dadurch erfüllt haben.
- Zeigen Sie die angenehmen **Gefühle**, die durch die Erfüllung dieser Bedürfnisse entstanden sind.

Mitunter kann es auch schon reichen, die Handlungen und die dadurch ausgelösten Gefühle zu benennen. Der Grund für Ihr Gefühl wird dann allerdings vielleicht nicht richtig interpretiert. Hier einige Beispiele, wie Sie Ihre Wertschätzung tatsächlich zum Ausdruck bringen können.

Positive Botschaften:

- *„Ich freue mich, wenn du die Musik leise drehst, denn ich brauche gerade Ruhe."*
- *„Ich war erleichtert, als du pünktlich nach Hause gekommen bist, denn ich möchte, dass wir uns aufeinander verlassen können."*
- *„Ich fühle mich entspannt, wenn du still am Tisch sitzen bleibst, weil ich mir ein ruhiges Abendessen wünsche."*
- *„Ich bin froh, dass du dein Zimmer aufgeräumt hast, denn ich fühle mich wohler, wenn es bei uns zu Hause ordentlich ist."*
- *„Ich bin zufrieden, dass du jeden Tag allein deine Hausaufgaben erledigst, denn mir liegt deine Selbständigkeit sehr am Herzen."*

Wenn Sie Ihrem Kind Ihre Wertschätzung mitteilen, hüten Sie sich vor dem Wort „aber".
Bitte beachten Sie, dass das Wort „aber" immer die vorangegangene Aussage zurücknimmt. Wenn Sie Ihrem Kind Anerkennung aussprechen und ein „aber" folgen lassen, wird es sich nur an das erinnern, was nach dem „aber" folgte. Um das nachvollziehen zu können, lesen Sie bitte die folgenden Sätze:

- *„Ich mag dich, aber ich brauche mehr Zeit für mich."*
- *„Ich finde, das Kleid steht dir gut. Aber heute ist es viel zu kalt dafür."*
- *„Ich freue mich über deine Note, aber du hättest ruhig noch mehr üben können."*

Auch dem Satz *„Ich liebe dich."* nimmt das Wörtchen „aber" jeglichen Zauber. Hören Sie selbst:

- *„Ich liebe dich, aber ..."*

An diesem Punkt fühlen sich die meisten Menschen bereits enttäuscht.

Lob muss glaubwürdig sein

Wenn Sie wollen, dass Ihr Kind Ihr Lob ernstnimmt und sich wirklich gelobt fühlt, dann sollten Sie nicht nur das *„aber"* vermeiden, sondern auch glaubwürdig loben. Ein einfaches *„Da hast Du ja ein tolles Bild gemalt"* reicht da nicht. Loben Sie konkret: *„Du hast ja alles Obst gemalt, das du gern magst. Und die Farben sind so kräftig und frisch – das macht richtig Appetit. Ich hab 'ne Idee: Wir nennen das Bild ‚Das Lieblingsobst-Bild'. Da hast Du ein ganz tolles Bild gemalt."*

Wenn Sie konkret loben, dann spürt Ihr Kind, dass Sie nicht nur routinemäßg Lob verteilen, weil es heutzutage „angesagt" ist, Kinder zu loben. Es spürt, dass Sie sich ernsthaft mit seinem Werk beschäftigt haben und ihm deshalb konkret sagen können, *warum* sie es toll finden. So ein konkretes Lob bringt Ihrem Kind mehr, weil es glaubwürdig ist und Ihr Kind sich dadurch ernstgenommen fühlt.

TIPP

- Wenn Sie Ihrem Kind etwas Anerkennendes oder Wertschätzendes sagen wollen, vermeiden Sie es, ein „aber" hinzuzufügen.
- Loben Sie Ihr Kind konkret: Sagen Sie ihm nicht nur, *dass* Sie sein Verhalten oder seine Leistung toll finden, sondern auch, *warum*.

ELTERNAUFGABE

Sie können sich jetzt einen Moment Zeit nehmen und sich für ein oder zwei Botschaften entscheiden, die Ihnen besonders zusagen und diese hier notieren. Das hilft Ihnen zugleich, die Botschaft zu verinnerlichen.

Was möchten Sie Ihrem Kind in Zukunft sagen, wenn Sie sich über sein Verhalten oder seine Leistungen freuen?

Was Sie Ihrem Kind sagen können, wenn Sie wütend, enttäuscht, besorgt oder genervt sind

„Er, sie oder die anderen haben mich wütend gemacht, weil sie dies oder jenes getan haben." lautet der Grundgedanke fast jeden Ärgers. Damit schieben wir jegliche Verantwortung für unseren Ärger einer anderen Person zu. Wir haben aber bereits gehört, dass das Verhalten anderer Menschen zwar ein Auslöser für unsere Gefühle sein kann, nicht aber ihre Ursache. Erinnern Sie sich an den Autofahrer aus Kapitel 3, der Ihnen an verschiedenen Tagen die Vorfahrt nimmt und Sie jedes Mal ganz unterschiedlich reagieren? Sie sind also niemals wütend, enttäuscht, besorgt usw. weil jemand anderes – auch nicht Ihr Kind! – etwas gesagt oder getan hat. Vielmehr hängen unsere Gefühle von unserer Haltung gegenüber der Situation ab und davon, wie wir das Verhalten anderer Personen beurteilen. Schließlich heißt es ja auch: *„Ich ärgere* ***mich.***"

Wie sehr unsere Gefühle von unseren eigenen Interpretationen abhängen, erlebte ich in folgender Situation: Ich stellte einer Gruppe von sogenannten „verhaltensauffälligen" Kindern unser neues Unterrichtsprojekt vor, das mir besonders am Herzen lag und in das ich viel Vorbereitungszeit investiert hatte. Während die meisten Kinder begeistert auf das neue Thema reagierten, lehnten sich zwei Schüler gelangweilt zurück und maulten, dass sie dazu ja überhaupt keine Lust hätten. Interessanterweise ärgerte ich mich über das Verhalten des einen Schülers, wogegen ich die Unmutsäußerungen des anderen Schülers mit einem verständnisvollen Ohr hören konnte.

Als ich an diesem Abend noch einmal genauer über die Situation nachdachte, erkannte ich, dass ich das Kind, über das ich so wütend gewesen war, in Gedanken als „verzogene Nervensäge" bezeichnete. Auch über das andere Kind hatte ich ein Urteil im Kopf: Ich betrachtete es als „bedauernswertes Wesen", um das ich mir oft Sorgen machte, und dessen Verhalten ich darauf zurückführte, dass es seine Mutter vor einiger Zeit verloren hatte. Bei ihm empfand ich überhaupt keinen Ärger, obwohl es genauso reagiert hatte wie das andere Kind.

Das war eine wirkungsvolle Lektion für mich, um zu verstehen, dass mein Ärger nicht durch die Handlungen anderer Menschen hervorgerufen wird, sondern durch die Bilder, Beurteilungen und Interpretationen in meinem eigenen Kopf. Und für die trage ich selbst die Verantwortung.

Kinder werden dazu verleitet zu glauben, dass sie die Ursache für unsere Gefühle sind, indem wir ihnen sagen *„Du machst mich wütend.“*, *„Es enttäuscht Mama und Papa, wenn du schlechte Noten bekommst.“* oder *„Ich bin verletzt, weil du das getan hast.“* Unsere Sprache kennt viele Formulierungen, in denen wir anderen die Schuld für unsere unangenehmen Gefühle geben. Schuldzuweisung wird dabei oft als Mittel zur Kontrolle von kleinen und großen Menschen eingesetzt. Wir wünschen uns eine Verhaltensänderung und flößen dem anderen dafür – mitunter unbewusst – Schuldgefühle ein.
Im Kern jeden Ärgers findet sich ein Bedürfnis, das nicht erfüllt ist. Der Ärger zieht uns jedoch Energie ab, indem er sie in Richtung „Leute verurteilen und bestrafen“ statt in „Bedürfnisse erfüllen“ lenkt. *Marshall B. Rosenberg,* der revolutionäre Ideen zum Thema Kommunikation entwickelt hat, empfiehlt uns daher, dass wir anstatt uns auf unsere „gerechte Empörung“ zu konzentrieren, lieber auf die eigenen Bedürfnisse und die anderer Menschen achten. Dazu ist intensives Üben notwendig. Versuchen Sie einmal in Zukunft ganz bewusst den Satz *„Ich bin wütend, weil du/er/sie ...“* durch *„Ich bin wütend, weil ich ... brauche.“* zu ersetzen. Sie werden sich vielleicht wundern, was diese drei Wörter bewirken können.

TIPP

Ersetzen Sie *„Ich bin wütend, weil du ...“* durch *„Ich bin wütend, weil ich ... brauche.“*

Grundsätzlich haben Sie natürlich immer die Wahl, wie Sie auf eine Aussage, die für Sie schwierig ist, reagieren können. Es gibt vier Reaktionsmöglichkeiten, für die Sie sich entscheiden können:
1) Sie geben sich selbst die Schuld.
2) Sie geben anderen die Schuld.
3) Sie nehmen Ihre eigenen Gefühle und Bedürfnisse wahr.
4) Sie nehmen die Gefühle und Bedürfnisse des anderen wahr.
Sie werden feststellen, dass Sie wesentlich schneller den Zustand erreichen, den Sie sich wirklich wünschen, wenn Sie sich für die Möglichkeiten 3 und 4 entscheiden.

Ebenso wie bei der Wertschätzung sollte Ihre Botschaft bei Ärger, Enttäuschung oder Sorge dann drei Bestandteile haben:
1) Benennen Sie die Handlungen, die zu Ihrem Unbehagen beitragen.
2) Äußern Sie die Bedürfnisse, die dadurch verletzt wurden.
3) Zeigen Sie die unangenehmen Gefühle, die dadurch entstanden sind.
Die folgenden Formulierungsbeispiele geben Ihnen eine Vorstellung, was Sie konkret in einer schwierigen Situation sagen können.

Botschaften

- *„Ich ärgere mich, wenn du so unfreundlich mit mir sprichst, weil ich mir Respekt wünsche.“*
- *„Wenn du mir nicht bei der Gartenarbeit hilfst, bin ich enttäuscht, weil ich Unterstützung brauche.“*
- *„Ich mache mir Sorgen, wenn du rauchst, weil mir deine Gesundheit wichtig ist.“*
- *„Ich habe Angst, wenn du in diese Disco gehst, denn mir liegt deine Sicherheit am Herzen.“*
- *„Ich bin genervt, dass du jetzt zum dritten Mal den Teppich voll krümelst, weil mir Ordnung in der Wohnung wichtig ist.“*

Bitte machen Sie Ihrem Kind auch immer klar, dass es sich nur um eine Verhaltensweise handelt, die bei Ihnen unangenehme Gefühle auslöst, dass Sie jedoch nie Ihr Kind als ganze Person in Frage stellen. Die Grundbotschaft muss immer lauten: *„Du bist okay!“*

ELTERNAUFGABE

Notieren Sie sich hier ein oder zwei Formulierungen, die Sie ab jetzt immer in einer konfliktgeladenen Situation parat haben. Es ist gut möglich, dass Sie dadurch mehr Sicherheit und Respekt gewinnen.

Was möchten Sie Ihrem Kind in Zukunft sagen, wenn Sie verärgert, enttäuscht, besorgt oder genervt sind?

____

____

____

Was Sie Ihrem Kind sagen können, wenn Sie eine Regel aufstellen

Regeln erleichtern den Familienalltag. Sie geben eine Richtlinie von Verhaltensweisen vor, die nicht täglich aufs Neue verhandelt werden müssen, sondern erst, wenn die Kinder oder wir aus ihnen herausgewachsen sind. Regeln sollten nicht als starre Reglementierung verstanden werden, sondern als Hilfe, um den Alltag mit Kindern leichter zu meistern. Schließlich hat es große Vorteile, wenn Sie wissen, was Ihnen wichtig ist und was Sie sich und Ihrem Kind ersparen wollen.

Die Kunst des Regelaufstellens besteht darin, dass weder nur das Kind seinen Willen bekommt, noch dass die Eltern alles willkürlich entscheiden, sondern dass die Bedürfnisse und Wünsche aller Familienmitglieder berücksichtigt werden. Es kann sehr hilfreich sein, sich auch die vielen unausgesprochenen Regeln, nach denen Sie leben, bewusst zu machen. Denn Kinder lernen Regeln aus den Erfahrungen, die sie Tag für Tag mit ihren Eltern machen.

Zur Orientierung möchte ich Ihnen einige Regeln führender Verhaltenstherapeuten vorstellen, die sich in den verschiedenen Altersstufen als hilfreich erwiesen haben:

Beispiele für hilfreiche Regeln

Babyalter:

(Die Kinder lernen die Regeln aus ihren Erfahrungen)

- *„Meine Mama entscheidet, wann sie mir etwas zu essen anbietet und was sie mir anbietet. Ich darf entscheiden, ob und wie viel ich davon esse."*
- *„Meine Eltern beschäftigen sich mehrmals am Tag sehr ausgiebig mit mir. Wenn sie aber selbst etwas Wichtiges zu tun haben, muss ich mich allein beschäftigen."*
- *„In unserer Wohnung darf ich fast alles erforschen, aber einige Dinge darf ich auf keinen Fall anfassen."*

Kleinkindalter:

- *„Beim gemeinsamen Abendbrot setzen sich alle an den Tisch. Ich brauche nur so lange sitzen zu bleiben, wie ich esse. Ich darf mich dann (ohne Essen) leise in einem anderen Zimmer beschäftigen."*
- *„Bei Spielangeboten in Krabbelgruppen müssen nur die Mütter und Väter mitmachen. Ich darf mir aussuchen, ob ich mitmachen will."*
- *„Wenn ich einem anderen Kind etwas aus der Hand reiße, nehmen meine Mutter oder mein Vater es mir ab und geben es ihm zurück."*

Kindergartenalter:

- *„Nach dem Frühstück räume ich meinen Teller selbst ab."*
- *„Meine Spielsachen räume ich selbst auf."*
- *„Wenn es gefährlich wird, muss ich tun, was meine Eltern oder Erzieher mir sagen."*

Grundschulalter:

- *„In der Schule erscheine ich pünktlich."*
- *„Ich mache regelmäßig meine Hausaufgaben."*
- *„Im Unterricht melde ich mich, wenn ich etwas sagen möchte."*

Pubertät:
- *„Ich darf die Familienregeln mitgestalten."*
- *„Wir hören uns gegenseitig aufmerksam zu."*
- *„Wir respektieren die Gefühle und Bedürfnisse der anderen."*

Wenn Ihr Kind die Grundschule besucht, ist es alt genug, um am Aufstellen der Regeln mitbeteiligt zu werden. Um die richtige Auswahl an Regeln zu treffen, schlage ich Ihnen eine kleine Übung vor, die allen Beteiligten großen Spaß macht:

Elternaufgabe

Setzen Sie sich zu zweit oder zu mehreren zusammen und überlegen Sie, was Sie oder die anderen alles tun müssten, damit Sie sich überhaupt nicht wohlfühlen und damit Sie nicht mehr gern zu Ihrer Familie nach Hause kommen. Lassen Sie Ihrer Phantasie freien Lauf. Auch verrückte Ideen sind erlaubt! Wenn Sie das notiert haben, nehmen Sie sich ein neues Blatt Papier und drehen Sie nun Ihre Ideen ins Gegenteil – schon haben Sie eine lange Liste an Regeln, von denen Sie jetzt nur noch die wichtigsten auswählen müssen. Auf einem schön gestalteten Blatt geschrieben, können Ihre Regeln nun die Eingangstür schmücken und daran erinnern, was alle Familienmitglieder brauchen, um sich wohl zu fühlen.

Grundsätzlich kennen Sie Ihr Kind natürlich am allerbesten. Das macht Sie selbst zum fähigsten Experten im Umgang mit Ihrem Kind. Sie wissen daher auch am genauesten, welche Regeln Sie für die folgenden Bereiche brauchen: Schlafen, Essen, Aufräumen, Umgang mit anderen, Fernsehen, Sicherheit. Wenn Sie Ihre eigenen Regeln aufstellen, vermeiden Sie die Wörter „nicht, nie, niemals". Formulieren Sie stattdessen alle Regeln positiv, wie zum Beispiel:

„Die Spielsachen werden jeden Abend wieder eingeräumt." (statt: *„Lasst die Spielsachen nicht herum liegen!"*).

TIPP

Vermeiden Sie die Wörter „nicht, nie, niemals", weil das Unterbewusstsein keine Verneinung versteht. Formulieren Sie stattdessen alle Regeln positiv.

ELTERNAUFGABE

Welche Regeln möchten Sie in Zukunft aufstellen?

Was Sie Ihrem Kind sagen können, wenn Sie eine Bitte oder Anweisung aussprechen möchten

Klare Bitten formulieren

Je klarer wir wissen, um was wir genau bitten und was wir von unserem Kind bekommen möchten, desto wahrscheinlicher ist es, dass unsere Bedürfnisse erfüllt werden. Formulieren Sie daher Ihre Bitte möglichst genau, klar und positiv.

Bei einer echten Bitte hat das Kind immer die Wahl, darauf einzugehen oder nicht. Wenn es Ihre Bitte nicht erfüllt, dürfen ihm daraus keine unangenehmen Konsequenzen erwachsen.

Wenn wir dabei ganz bewusst die Vorstellung aufgeben, dass wir eine Person – sei es nun ein Kind oder ein Erwachsener – zwangsläufig dahin bekommen, dass sie tut, was wir von ihr möchten, werden einige Konflikte, die vorher unlösbar schienen, plötzlich erstaunlich leicht gelöst werden können.

Tipp

- Wenn Sie Ihr Kind um etwas bitten, müssen Sie ein „*Nein*" akzeptieren.
- Je klarer Sie Ihre Bitte formulieren, desto wahrscheinlicher ist es, dass Ihre Bedürfnisse erfüllt werden.

Wie Sie eine unklare Bitte in eine klare Bitte umformulieren, zeigt Ihnen die folgende Gegenüberstellung:

Unklare Bitte	Klare Bitte
„Bitte komm pünktlich nach Hause."	***„Bitte komm um 7 Uhr nach Hause."***
„Bitte zieh dir etwas Ordentliches an."	***„Zieh dir heute bitte dein weißes Hemd an."***
„Bitte sei lieb zur Oma."	***„Bring Oma bitte ihre Brille"***
„Bitte hilf mehr im Haushalt."	***„Bitte räum das Geschirr vom Abendbrottisch ab."***
„Schau bitte nicht so viel fern."	***„Schalte bitte den Fernseher in fünf Minuten aus."***

Eindeutige Anweisungen geben

In bestimmten Situationen – sei es, dass Ihrem Kind Gefahr droht oder Ihre Bedürfnisse nach Sicherheit, Respekt, Rücksichtnahme usw. verletzt werden – kann es notwendig sein, dass Sie ein Verhalten von Ihrem Kind fordern und eine eindeutige Anweisung geben. Die Forderung unterscheidet sich von der Bitte dadurch, dass Ihr Kind eine unangenehme Konsequenz erfährt, wenn es der Anweisung nicht folgt.
Wenn Ihr Kind nun Ihre Forderung hört, sieht es zwei Möglichkeiten: Das Befolgen der Anweisung oder Rebellion. Und es weiß, dass die Rebellion mit unerfreulichen Folgen verbunden sein wird.

Tipp

- Sagen Sie Ihrem Kind ganz genau, was es tun soll.
- Formulieren Sie jede Anweisung positiv.
- Reden Sie mit ruhiger und fester Stimme.
- Drücken Sie sich klar, knapp und verständlich aus.
- Äußern Sie eindeutige Aufforderungen.

Ein Gegenüberstellung von häufig geäußerten unklaren Aufforderungen und eindeutigen Anweisungen soll Ihnen verdeutlichen, was ich unter einer eindeutigen Aufforderung verstehe:

Unklare Aufforderung	Eindeutige Aufforderung
„Du bist ja immer noch nicht im Bett!“	***„Leg dich jetzt sofort in dein Bett.“***
„Warum lässt du nicht endlich deinen Bruder in Ruhe?“	***„Lass sofort deinen Bruder los.“***
„Wie oft muss ich dir noch sagen, dass du nicht alles herumliegen lassen sollst?“	***„Räum jetzt die Legosteine in die Kiste.“***
„Du musst dich heute warm anziehen.“	***„Setz deine Mütze auf.“***

Wichtig ist, dass Sie Ihrem Kind wirklich genau sagen, was es tun soll. Dabei gilt: Je kleiner ein Kind ist, desto kürzer, klarer und überschaubarer muss die Aufforderung sein. Mit ungenauen Aufforderungen wie *„Benimm dich ordent-*

lich!", *„Sei brav!"* oder *„Sei ein liebes Kind!"* weiß Ihr Kind nichts anzufangen. Und seien Sie ehrlich: Wüssten Sie nach solch einer Aufforderung, wie Sie sich verhalten sollen?
Nun stehen Sie vielleicht – wie Millionen andere Eltern, Lehrer und Erzieher ebenfalls tagtäglich – vor dem Problem, dass Ihr Kind Ihrer Aufforderung nicht nachkommt, mit Ihnen anfängt zu diskutieren oder Sie einfach ignoriert. In diesem Fall haben Sie die Möglichkeit, die Technik der „kaputten Schallplatte" anzuwenden: Sie wiederholen mehrmals Ihre Aufforderung, ohne auf seine Widerrede oder Diskussionen einzugehen. Viele Kinder haben diese Technik so perfektioniert, dass wir uns ein Beispiel an ihnen nehmen können:

Hanna: (sieht einen Luftballonverkäufer und ruft) *„Mama, kaufst du mir den roten Luftballon?*
Mutter: *„Hannah, wir haben so viele Luftballons zu Hause."*
Hanna: *„Ich möchte aber den roten Luftballon."*
Mutter: *„Dann müssen wir den Luftballon aber den ganzen Weg tragen."*
Hanna: *„Das mach ich. Komm, Mama, wir kaufen so einen roten Luftballon, bitte!"*
Mutter: *„Der ist aber bestimmt ganz schön teuer hier."*
Hanna: *„Ich hätte aber so gern den roten Luftballon."*
Mutter: *„Na gut, ausnahmsweise ..."*

Wie wäre es, wenn Sie den Spieß einfach beim nächsten Mal umdrehen? Sie können sicher sein: Das, was bei Ihnen hilft, wirkt auch bei Ihrem Kind. Hören Sie selbst:

Mutter: (geht zu Simon, kommt auf seine Augenhöhe herunter, schaut ihm in die Augen und gibt ihm eine klare Anweisung): *„Simon, räum jetzt die Legosteine in die Kiste!"*
Simon: *„Ich will aber nicht."*
Mutter: *„Du nimmst jetzt die Legosteine und legst sie in die Kiste."*
Simon: *„Warum denn?"*
Mutter: *„Es ist schon spät. Räum jetzt die Legosteine in die Kiste."*
Simon: *„Es ist doch noch gar nicht so spät."*
Mutter: *„Simon, räum endlich die Legosteine in die Kiste."*
Simon: *„Immer muss ich aufräumen!"*

Mutter: *„Komm, Simon du räumst jetzt die Legosteine ein."*
Simon: (mault, aber fängt an, die Legosteine einzuräumen): *„Das ist gemein ..."*

Wie lange sich dieses Gespräch so fortsetzt, hängt davon ab, wie viel Ausdauer und Durchsetzungsvermögen Ihr Kind hat. Wenn die „kaputte Schallplatte" nicht die erwünschte Wirkung zeigt, können Sie Ihrem Kind sagen: *„Wenn das so weitergeht, dann werde ich Folgendes tun"*.

Tipp

Wenn Ihr Kind Ihrer Aufforderung nicht nachkommt, können Sie ...

- ... die Technik der „kaputten Schallplatte" anwenden.
- ... *„Wenn das so weitergeht, dann werde ich Folgendes tun."* ankündigen.

Elternaufgabe

Wie möchten Sie in Zukunft eine Bitte oder Anweisung formulieren?

Was Sie Ihrem Kind sagen können, wenn Sie ihm eine Grenze setzen möchten

Immer wieder hören und lesen wir „Kinder brauchen Grenzen". Selbstverständlich ist es wichtig, anderen Menschen gegenüber Grenzen zu setzen. Das ist jedoch nichts, was speziell für Kinder gilt. Wenn ich mich in meinem Wohlbefinden durch das Verhalten einer Person beeinträchtigt fühle und ich nicht weiß, was ich noch sagen kann, damit mein Bedürfnis respektiert wird, dann kündige ich der Person – egal, ob sie 8 Jahre oder 80 Jahre alt ist – an, was ich tun werde, um für mich zu sorgen. Wenn mein Nachbar z. B. etwas tut, das mein Bedürfnis nach Ruhe und Rücksichtnahme stört und ich mit ihm rede und er sich weiterhin so verhält, dann sage ich zu ihm: *„Wenn Sie Ihr Verhalten nicht ändern, dann tue ich Folgendes."*

Diese angekündigte Folge muss ich dann allerdings auch umsetzen, weil ich sonst höchstwahrscheinlich von meinem Nachbarn nicht mehr ernst genommen werde. Genauso verhält es sich in der Beziehung zu unseren Kindern. Wenn sie unsere Grenze oder die einer anderen Person übertreten oder sich nicht an eine vereinbarte Regel halten, dann kündigen wir eine Konsequenz an, die wir – wie es das Wort schon sagt – auch konsequent in die Tat umsetzen müssen. Tun wir das nicht, bringen wir unseren Kindern regelrecht bei, uns nicht mehr ernst zu nehmen.

Besonders beliebt sind bei Eltern folgende Ankündigungen: *„Räum sofort dein Zimmer auf, sonst passiert was."*, *„Wenn du jetzt nicht deine Hausaufgaben machst, darfst du nie mehr fernsehen."*, *„Wenn du jetzt nicht ins Bett gehst, kannst du etwas erleben."* Doch was erlebt das Kind dann wirklich? Einen Nervenzusammenbruch, Wutanfall oder, dass gar nichts passiert? In der Regel zeigt so eine Ankündigung kaum Wirkung.

Wahrscheinlich wissen Sie bereits, dass Sie mit inkonsequentem Verhalten nicht die gewünschte Verhaltensänderung erreichen. Trotzdem fallen viele Eltern immer wieder in die Grube, die sie sich selbst gegraben haben.

Tipp

Ankündigungen ohne Folgen sind nicht nur überflüssig, sondern kontraproduktiv. Sie bewirken, dass Ihr Kind Ihnen nicht mehr zuhört und Sie nicht ernst nimmt.

Überlegen Sie sich also gut, welche Folgen Sie auch tatsächlich durchsetzen möchten und können! Nur dann funktioniert die folgende kleine Auswahl an Möglichkeiten, die sich im Alltag bewährt haben:

„Wenn du dir nicht die Zähne putzt, dann bekommst du morgen nichts Süßes."
„Wenn du jetzt nicht dein Zimmer aufräumst, gehen wir heute nicht mehr auf den Spielplatz."
„Wenn du jetzt nicht ins Bett gehst, dann lese ich dir keine Gute-Nacht-Geschichte mehr vor."
„Wenn du ihn noch einmal trittst, dann gehen wir gleich nach Hause."
„Wenn du das nächste Mal wieder zu spät kommst, werde ich nicht auf dich warten."
„Wenn du vom Tisch aufstehst, dann ist das Essen für dich beendet."

Tipp

Grundsätzlich lautet die Botschaft: *„Wenn das so weitergeht, dann werde ich Folgendes tun."*

Machen Sie Ihrem Kind auch klar, dass es sich bei der angekündigten Konsequenz nicht um eine Strafe handelt, sondern darum, Ihre Bedürfnisse, die des Kindes oder die Bedürfnisse einer anderen Person zu schützen.

Tipp

Wenn Sie eine Konsequenz ankündigen und durchsetzen, beachten Sie die folgenden Tipps:

- Reden Sie ruhig.
- Betonen Sie, dass Ihr Kind die Wahl hat: Es kann sein Verhalten ändern – oder es muss die Konsequenz in Kauf nehmen.
- Nehmen sie die einmal angekündigte Konsequenz nicht zurück, sondern bleiben Sie fest.
- Wenn die von Ihnen bestimmte Konsequenz mehrmals ohne Wirkung geblieben ist, wählen Sie eine andere.
- Wenn eine Konsequenz ausgestanden ist, sollte das Thema abgehakt und alles vergeben und vergessen sein.

Elternaufgabe

Was möchten Sie Ihrem Kind in Zukunft ankündigen, wenn es eine Grenze überschreitet oder sich nicht an eine vereinbarte Regel hält?

Was Sie Ihrem Kind sagen können, wenn ihm Gefahr droht

In einer gefährlichen Situation, ist Ihre Botschaft mitunter das Einzige, was Ihrem Kind das Leben retten kann. Von daher ist es lebensnotwendig, dass Sie Ihrem Kind etwas sagen oder zurufen, was ihm auch wirklich hilft.
Sie wissen bereits, dass wir grundsätzlich auf die uns bekannten Botschaften zurückgreifen, auf das, was wir selbst oft als Kinder zu Ohren bekamen. Und viele Botschaften, mit denen wir aufgewachsen sind, können die Gefahr noch vergrößern, wie die folgenden Beispiele zeigen:
„Wie kannst du nur so leichtsinnig sein und einfach auf die Straße rennen!“
„Du wirst ausrutschen und herunterfallen.“
„Lass bloß nicht los, sonst brichst du dir noch den Arm.“
Beschimpfungen und das Ankündigen von Katastrophen veranlassen und befähigen Ihr Kind nicht dazu, das Richtige (Lebenserhaltende) zu tun – im Gegenteil: Ihre Botschaft kann sich schnell in eine selbsterfüllende Prophezeiung verwandeln.
Wenn ein Kind auf eine sehr hohe Mauer geklettert ist und Sie sagen: *„Fall nicht von der Mauer herunter!“* sieht sich das Kind gedanklich in diesem Moment von der Mauer fallen. Die Verneinung kommt – wenn überhaupt – erst viel später im Bewusstsein an. Dann ist das Kind vielleicht schon von der Mauer heruntergefallen. Erfolgversprechender ist in diesem Fall die Formulierung *„Pass auf, dass du auf der Mauer bleibst!“*

Wie Sie erfolgreich in einer gefährlichen Situation reagieren können, zeigt Ihnen die folgende Geschichte: ***Lina*** *verbrachte ihre großen Ferien mit ihren Eltern in Griechenland. Als die Familie an einem sonnigen Tag auf Eseln ausritt, wäre beinahe ein Unglück passiert: Der Esel, auf dem Lina ritt, erschreckte sich durch das Gebell eines Hundes und galoppierte los. Lina war zwar eine gute Reiterin, doch neben ihr ging es steil den Abhang hinunter. Glücklicherweise, war die Mutter so geistesgegenwärtig, um ihrer Tochter zuzurufen: „Bleib oben! Halt dich gut fest! Du schaffst das!“ Der Esel galoppierte mit hoher Geschwindigkeit weiter, doch Lina gelang es, auf die Worte ihrer Mutter zu hören und sich festzuhalten. Erst nach einigen Minuten wurde der Esel langsamer - und Lina konnte unverletzt vom Rücken des Esels abspringen.*

Wäre die Mutter nicht so darin geübt gewesen, ihre Bitten und Aufforderungen stets positiv zu formulieren, hätte dieser Familienausflug in einem Unglück enden können.

Wenn Ihrem Kind Gefahr droht, ist es also ganz besonders wichtig, dass Sie jede Anweisung positiv formulieren, weil das Unterbewusstsein keine Verneinung versteht. Versuchen Sie selbst einmal, jetzt nicht an einen kleinen Eisbären mit großen schwarzen Augen und flauschigem weißen Fell zu denken. Denken Sie nicht daran, dass er vielleicht genüsslich in der Sonne liegt und sich das Fell wärmen lässt.

Haben Sie es tatsächlich geschafft jetzt nicht an einen Eisbären zu denken? Wenn nicht, dann haben Sie soeben erfahren, dass eine negativ formulierte Anweisung das genaue Gegenteil von dem bewirkt, was Sie erreichen möchten. Die folgende Gegenüberstellung verdeutlicht Ihnen, wie Sie Ihre Anweisungen positiv formulieren können:

Negative Formulierung	**Positive Formulierung**
„Lauf nicht weg!“	***„Bleib jetzt ganz nah bei mir.“***
„Fall bloß nicht runter!“	***„Bleib oben! Halt dich gut fest!“***
„Renn nicht auf die Straße!“	***„Lauf auf dem Bürgersteig!“***
„Geh nicht so dicht an den Abgrund heran!“	***„Komm her!“***
„Lauf nicht weiter!“	***„Bleib sofort stehen!“***
„Schwimm nicht so weit aufs Meer hinaus!“	***„Schwimm nur so weit, wie du noch stehen kannst.“***

„Schneid dir nicht in den Finger!“	***„Leg sofort das Messer hin!“***
„Lass bloss nicht das Seil los,	***„Halt dich gut fest! Du schaffst das!“***
sonst fällst du ganz tief und brichst dir ein Bein oder du schneidest dir an der Glasscherbe den Fuß auf und kommst ins Krankenhaus, weil du so viel Blut verlierst. Usw.“	

TIPP

Bei Gefahr ist es besonders wichtig, dass Sie Ihre Aufforderung positiv formulieren, weil das Unterbewusstsein keine Verneinung versteht.

ELTERNAUFGABE

Üben Sie das Formulieren positiver Botschaften, damit Sie in einer Gefahrensituation automatisch das sagen, was Ihrem Kind auch wirklich hilft.

Was möchten Sie in Zukunft sagen, wenn Ihrem Kind Gefahr droht?

____

____

____

____

WAS SIE IHREM KIND SAGEN KÖNNEN, WENN ES KRANK IST

Die Kunst, Menschen mit Worten zu heilen, ist uralt. Hypnotische Sprachmuster und positive Botschaften wurden schon von Schamanen, Yogis und Heilern der verschiedensten Kulturen verwendet, um die Selbstheilungskräfte der Menschen zu aktivieren. Heute erkennen wir einen guten Arzt oder Heilpraktiker daran, dass er nicht nur die richtige Diagnose stellt und eine hilfreiche Behandlungsmethode wählt, sondern dass er auch dazu in der Lage ist, mit dem Patienten ein einfühlendes Gespräch zu führen und auf die psychischen Bedürfnisse einzugehen.

Gerade wenn ein Kind krank ist, braucht es einfühlsame Zuwendung und Verständnis für seine Empfindungen. Meist beruhigt sich ein Kind erst dann, wenn es sich sicher ist: Mama (oder Papa) weiß und versteht, wie es mir geht, wie elend ich mich fühle und wie sehr ich mich ängstige.

Erst nachdem es Ihr Verständnis bekommen hat, kann es tröstende Worte annehmen oder eine Botschaft, die seine Konzentration auf das lenkt, was ihm hilft, gesund zu werden. Mit Ihren Botschaften können Sie die Selbstheilungskräfte in Ihrem Kind mobilisieren. Sie können dazu beitragen, dass es sich schneller wieder wohl fühlt.

Die folgenden Botschaften können zur wirksamen Medizin für Ihr Kind werden:

Positive Botschaften:

- *„Höchstwahrscheinlich hört der Schmerz gleich auf.“*
- *„Vielleicht wird es dir gleich schon viel besser gehen.“*
- *„Es tut gut zu wissen, dass diese Krankheit vorübergeht.“*
- *„Was passiert wohl, wenn du morgen schon wieder gesund bist?“*
- *„Kannst du dir vorstellen, ganz auf die Kraft deines Körpers zu vertrauen? Glücklicherweise kannst Du deinem Körper auch vertrauen, wenn du mal krank bist“.*
- *„Während du im Bett liegst, kannst du an etwas besonders Schönes denken.“*
- *„Du wirst merken, dass dein Körper irgendwann wieder ganz gesund und stark ist“.*
- *„Man muss nicht ganz gesund sein, um den Tag genießen zu können.“*

- *„Ich bin sicher, dass du gestärkt aus dieser Situation herausgehen wirst. Und das wirst du bald auch selbst merken."*
- *„Letztendlich wirst du durch die Krankheit merken, wie stark du wirklich bist."*
- *„Alles wird gut."*

Wenn Ihr Kind in einem Zustand ist, in dem es gern Geschichten hört, können Sie ihm auch eine Geschichte selbst „basteln", indem Sie die heilenden Botschaften in die Handlung einbauen. Wenn Sie sehr kreativ sind, können Sie Ihrem Kind die Geschichte aus dem Stegreif erzählen. Es kann aber auch hilfreich sein, die Geschichte aufzuschreiben. Dann können Sie Ihrem Kind stets seine persönliche Gesundheits-Geschichte als Heilungs-Ritual vorlesen.

Eine heilende Geschichte erzählen:

1. Schritt: Wählen Sie die passenden positiven Botschaften für Ihr Kind aus.
2. Schritt: Überlegen Sie sich, welche Personen in der Geschichte mitspielen sollen.
3. Schritt: Legen Sie die Handlung fest.
4. Schritt: Schreiben Sie die Geschichte auf.
5. Schritt: Überprüfen Sie, ob alle Botschaften in der Geschichte enthalten sind, die für Sie wichtig sind. Bauen Sie die fehlenden Botschaften in die Geschichte ein.

ELTERNAUFGABE

Was möchten Sie Ihrem Kind in Zukunft sagen, wenn es kank ist?

____

____

____

____

Was Sie Ihrem Kind sagen können, wenn es einen Unfall hatte

Im Leben eines jeden Kindes kommen Unfälle und Stürze vor, wobei die meisten Vorfälle ungefährlich sind. Dennoch können Kinder schon durch ein relativ harmlos wirkendes Ereignis traumatisiert werden.
Traumata lassen sich nicht immer verhindern. Sie zählen zu den Tatsachen des Lebens. Mit Ihrer Reaktion und mit Ihren Worten können Sie jedoch viel dazu beitragen, dass Ihr Kind das Ereignis verarbeitet und keine Spätfolgen, wie z. B. Alpträume, Bettnässen oder Schreckhaftigkeit entwickelt. Hier einige Anregungen von dem Trauma-Experten *Peter Levine,* was Sie nach einem Unfall Ihres Kindes tun und sagen können:

Vorbereitungen:

- Wenn Sie Zeit haben, nehmen Sie sich einen Moment, um sich selbst zu beruhigen. Atmen Sie tief durch! Je mehr Ruhe und Sicherheit Sie ausstrahlen, desto ruhiger kann Ihr Kind werden.
- Fordern Sie Ihr Kind auf, sich an einem sicheren Ort auszuruhen. Vermitteln Sie Ihrem Kind Sicherheit und Geborgenheit durch sanftes Handauflegen auf dem Rücken, gegenüber der Herzregion. Vermeiden Sie übertriebenes Hätscheln, da sonst der Erholungsprozess gestört wird.

Erste Hilfe für die Seele:

- Wenn die Benommenheit abgeklungen ist, fragen Sie mit sanfter Stimme nach den Empfindungen in seinem Körper, wie z.B. *„Was spürst du in deinem Körper?“*, *„Wo spürst du es genau?“* und *„Wie fühlt sich die Beule jetzt an?“*
- Lassen Sie zwischen den Fragen jeweils einen Moment schweigend vergehen. Sie sollten warten, bis Ihr Kind Ihnen ein Signal gibt: tiefer, entspannter Atemzug, das Nachlassen des Weinens oder Zitterns, ein sich Strecken, ein Lächeln oder Blickkontakt. Ihr Kind hat so die Möglichkeit, Reaktionszyklen zum Abschluss zu bringen.

- Wenn Kinder einen Schockzustand überwinden, fangen sie oft an zu weinen oder zu zittern. Unterstützen Sie Ihr Kind darin, diesen natürlichen Verarbeitungsprozess zu Ende zu bringen. Er dauert gewöhnlich einige Minuten. Ihre Aufgabe ist es jetzt, Ihrem Kind zu vermitteln, dass Weinen und Zittern normale, gesunde Reaktionen sind, indem Sie eine beruhigende Hand auf den Rücken legen und ein paar sanfte Worte sagen, wie *„Das ist in Ordnung.“* oder *„Das tut gut, wenn du alles herausweinst.“* Hemmen Sie Ihr Kind auf keinen Fall in seinen Reaktionen, indem Sie seine Tapferkeit loben! Vertrauen Sie stattdessen auf die angeborene Heilfähigkeit Ihres Kindes. Lassen Sie es geschehen.
- Wenn Ihr Kind beginnt, sich wieder an der äußeren Welt zu orientieren, ermuntern Sie es, den Vorfall zu erzählen. Fragen Sie, was passiert ist und wie es sich dabei gefühlt hat. Es könnte Wut, Angst, Traurigkeit, Verwirrung, Schuldgefühle oder Scham verspürt haben. Erzählen Sie Ihrem Kind anschließend von einer Situation, in der Sie selbst (oder jemand anderes) sich genauso gefühlt haben oder einen ähnlichen Unfall hatten. Dadurch rückt das, was Ihr Kind empfindet, der „Normalität“ näher. Geben Sie Ihrem Kind zu verstehen, dass das, was es empfindet, vollkommen in Ordnung ist und dass Sie es ernst nehmen.

Seien Sie zuversichtlich bei der Anwendung dieser Erste-Hilfe-Maßnahmen. Denken Sie nicht zu viel darüber nach, ob Sie alles „richtig machen“, sondern vertrauen Sie auf Ihre natürlichen Fähigkeiten, Trost zu spenden und zu heilen. Die folgenden Erste-Hilfe-Botschaften werden Sie dabei unterstützen.

Erste-Hilfe-Botschaften:

Wenn die Benommenheit allmählich abklingt, lenken Sie die Aufmerksamkeit vorsichtig auf die Empfindungen im Körper.

- *„Was spürst du in deinem Körper?“*
- *„Wo spürst du das Gefühl?“*
- *„Wie fühlt es sich in deinem Bauch (Kopf, Arm, Bein usw.) an?“*
- *„Welche Farbe, Form oder Größe usw. hat es?“*
- *„Wie fühlt sich die Beule (Schramme, Brandblase usw.) jetzt an?“*

Geben Sie Ihrem Kind Sicherheit, wenn es weint oder zittert.

- *„Das ist in Ordnung."*
- *„Das tut gut - der ganze Schreck muss aus dir herausgeschüttelt/herausgeweint werden."*

Ermuntern Sie Ihr Kind, den Vorfall zu erzählen und seine Gefühle zu benennen und auszudrücken.

- *„Was ist eigentlich passiert?"*
- *„Wie hast du dich dabei gefühlt?"*
- *„So was Ähnliches habe ich auch schon mal erlebt..."*

Elternaufgabe

Was möchten Sie Ihrem Kind in Zukunft nach einem Unfall sagen?

____

____

____

____

Was Sie Ihrem Kind sagen können, wenn Sie ihm Mut zusprechen wollen

Besonders bei jüngeren Kindern vergeht kein Tag, ohne etwas Neues zu entdecken, auszuprobieren und dazu zu lernen. Für uns ist das eine wunderbare Möglichkeit, um unserem Kind zu zeigen: „Du schaffst das. Ich traue dir das zu. Ich freue mich mit dir!" Leider lassen wir viele Gelegenheiten verstreichen, ohne unserem Kind Mut zuzusprechen. Mitunter entmutigen wir das Kind sogar, wie diese beiden alltäglichen Beispiele zeigen:

Charlotte (2 Jahre alt) hat allein die Milch in ihr Glas gegossen und dabei etwas gekleckert.

Entmutigen	Mut machen
Vater: *„Wie ungeschickt. Jetzt hast du schon wieder gekleckert. Du bist aber auch ein Tollpatsch!“* Der Vater wischt kopfschüttelnd den Tisch ab.	**Vater:** ***„Du hast ganz allein deine Milch eingegossen! Da freue ich mich aber. Jetzt schaffst du es sicher auch noch, den Fleck allein weg zu wischen.“*** Der Vater drückt Charlotte einen Lappen in die Hand – und Charlotte wischt sichtlich stolz den Tisch ab.

Aaron (5 Jahre alt) möchte gern allein bei der Bäckerei um die Ecke die Frühstücksbrötchen einkaufen. Eine Straße muss er dabei nicht überqueren.

Entmutigen	Mut machen
Mutter: *„Das kannst du noch nicht. Das ist zu gefährlich. Dazu bist du noch zu klein.“*	**Mutter:** ***„Das finde ich eine gute Idee! Ich glaube, das schaffst du schon!“*** Zu seiner Sicherheit schaut sie unauffällig aus dem Fenster. Anschließend empfängt sie ihn mit den Worten: ***„Ich freue mich, dass du schon so ein großer und selbständiger Junge bist!“***

Alle Entmutigungen haben eins gemeinsam: Sie betonen die Schwächen oder vermeintlichen Fehler des Kindes.

Tipp

- Beim Mutmachen werden der gute Wille und der Fortschritt hervorgehoben.
- Die Freude über diese Leistung wird offen ausgedrückt.

Die folgenden Botschaften fördern die Nähe zwischen Ihnen und Ihrem Kind. Es wird sich danach angenommen fühlen – und sein Vertrauen in die eigenen Fähigkeiten wächst.

Positive Botschaften:

- *„Wir werden immer für dich da sein."*
- *„Du bist ganz sicher."*
- *„Ich passe gut auf dich auf."*
- *„Du schaffst es!"*
- *„Du kannst es!"*
- *„Ich glaube an dich!"*
- *„Ich bin gespannt, ob du merken wirst, wie stark du wirklich bist."*
- *„Ich traue dir zu, dass du es schaffst."*
- *„Es ist völlig in Ordnung, wenn du noch ein wenig zweifelst, bevor du merkst, dass du ein besonders liebenswerter Mensch bist."*
- *„Früher oder später wirst du in der Lage sein, auf schwierige Situationen zurückzublicken und darüber zu lachen."*
- *„Vielleicht wird ja schon bald etwas besonders Schönes in deinem Leben passieren."*
- *„Höchstwahrscheinlich wird dein Traum schon bald wahr werden."*
- *„Das Leben wird immer schöner, je älter du wirst."*

Elternaufgabe

Wie möchten Sie Ihrem Kind in Zukunft Mut zusprechen?

Kapitel 5: Das Wichtigste in Kürze

- Formulieren Sie alle Bitten, Aufforderungen und Regeln positiv!
- Drücken Sie sich klar und verständlich aus!
- Teilen Sie Ihre Gefühle und Bedürfnisse mit!
- Äußern Sie bewusst Botschaften als „sich selbst erfüllende Prophezeiungen“, denn Kinder erfüllen meist die Erwartungen, die wir in sie setzen.
- Stärken Sie Ihr Kind mit positiven Botschaften!

Botschaft an Sie als Eltern:

Sie haben immer eine Wahl

6

Auch Zuhören will gelernt sein

„Wirklich zuhören können nur ganz wenige Menschen. Und so wie Momo sich aufs Zuhören verstand, war es ganz und gar einmalig. Momo konnte so zuhören, dass dummen Leuten plötzlich sehr gescheite Gedanken kamen. Nicht etwa weil sie etwas sagte oder fragte, was den anderen auf solche Gedanken brachte, nein, sie saß nur da und hörte einfach zu, mit aller Aufmerksamkeit und aller Anteilnahme."

(aus *„Momo"* von *Michael Ende)*

Mit den Eltern sprechen – oder nicht?

Jedes Kind hat das natürliche Bedürfnis, sein Herz auszuschütten, wenn es ein Problem hat. Grundsätzlich tun Kinder das ganz unbefangen – so lange, bis sie lernen, dass es oft nicht hilft oder manchmal sogar gefährlich sein kann, mit seinen Eltern zu sprechen. Deshalb versäumen wir Eltern so häufig Gelegenheiten, unseren Kindern bei den Problemen beizustehen, denen sie im Leben begegnen. Wenn sich Ihr Kind in sein Schneckenhaus zurückzieht, es feindselig reagiert oder Sie das Gefühl haben, dass Ihnen als Elternteil „gekündigt" wird, stellen Sie sich vermutlich die Frage: *„Warum spricht mein Kind mit mir nicht über die Dinge, die ihm wirklich Kummer bereiten?"*

Vielleicht können Sie sich diese Frage schon nach der folgenden Übung und dem Lesen dieses Kapitels mit Leichtigkeit beantworten.

Elternaufgabe

Stellen Sie sich vor, Ihr fünfjähriges Kind kommt zu Ihnen und sagt weinend: *„Laura hat mich nicht zu ihrem Geburtstag eingeladen."*

Wie würden Sie auf die Botschaft Ihres Kindes reagieren? Bitte schreiben Sie genau die Worte auf, die Sie **spontan** wählen würden.

____

____

____

____

Probieren Sie es nun mit einer anderen Situation: Ihr zwölfjähriges Kind kommt von der Schule und sagt:
„Die Lehrer sind alle völlig bescheuert. Warum müssen sie uns jeden Tag so viele Hausaufgaben geben? Am liebsten würde ich nie wieder zur Schule gehen."

Wie würden Sie in dieser Situation **spontan** reagieren? Schreiben Sie Ihre Erwiderung auf.

____

____

____

____

Es ist gut möglich, dass Ihre Erwiderungen sich einer der nun folgenden Kategorien von weit verbreiteten Eltern-Reaktionen zuordnen lassen. Die meisten von uns sind mit diesen Aussagen groß geworden und wenden sie selbst bei unseren eigenen Kindern an.

Beliebte Eltern-Reaktionen

Oft wollen wir unsere Kinder unterstützen, indem wir so reagieren:

- **Ratschläge erteilen**

  Dem Kind sagen, wie es ein Problem löst:
  „Sag doch deinem Lehrer, dass er euch zu viele Hausaufgaben aufgibt."
  Die Botschaft an das Kind lautet:
  Ich traue dir keine eigene Lösungsfindung zu. Ich weiß, was für dich am besten ist.
  Diese Gefühle kann die Botschaft auslösen:
  Unzulänglichkeit, Hilflosigkeit, Mutlosigkeit
  Dieses Verhalten kann die Botschaft hervorrufen:
  Das Kind reagiert nur noch auf die Ideen seiner Eltern, anstatt eigene Ideen zu entwickeln. Es verlernt, auf seine eigenen Bedürfnisse zu achten.

- **Beruhigen**

  Dem Kind seine Gefühle ausreden:
  „Jetzt übertreib mal nicht. So schlimm ist die Schule nun auch wieder nicht."
  Die Botschaft an das Kind lautet:
  Deine Gefühle sind nicht richtig. Dein Problem ist nicht der Rede wert.
  Diese Gefühle kann die Botschaft auslösen:
  Enttäuschung, Ärger.
  Dieses Verhalten kann die Botschaft hervorrufen:
  Rückzug.

- **Predigen**

  Dem Kind sagen, was es tun sollte und müsste:
  „Du solltest so nicht denken."
  Die Botschaft an das Kind lautet:
  Ich traue deinem Urteil nicht. Es gibt eine höhere Autorität, die weiß, was das Richtige und Falsche ist.
  Diese Gefühle kann die Botschaft auslösen:
  Schuld.
  Dieses Verhalten kann die Botschaft hervorrufen:
  Rebellion, Hörigkeit, Rückzug.

- **Ablenken**

  Das Kind vom Problem ablenken:
  „Lass uns jetzt erst mal essen. Denk einfach nicht mehr an die Schule."
  Die Botschaft an das Kind lautet:
  Dein Problem gibt es für mich nicht. Ich will davon nichts hören.
  Diese Gefühle kann die Botschaft auslösen:
  Verwirrung, Irritation, Enttäuschung.
  Dieses Verhalten kann die Botschaft hervorrufen:
  Rückzug.

- **Befehlen**

Dem Kind einen Befehl erteilen:
„Sprich nicht so über deine Lehrer. Du machst deine Hausaufgaben – und damit basta."
Die Botschaft an das Kind lautet:
Deine Gefühle und Bedürfnisse sind nicht wichtig. Hier bestimme ich!
Diese Gefühle kann die Botschaft auslösen:
Wut, Hilflosigkeit.
Dieses Verhalten kann die Botschaft hervorrufen:
Rebellion, Unterwürfigkeit.

- **Drohen**

Dem Kind Strafen androhen:
„Wenn du noch mal so schlecht über deine Lehrer sprichst, kannst du was erleben."
Die Botschaft an das Kind lautet:
Ich habe keinen Respekt vor deinen Gefühlen und Bedürfnissen. Ich habe hier die Macht!
Diese Gefühle kann die Botschaft auslösen:
Angst.
Dieses Verhalten kann die Botschaft hervorrufen:
Rebellion, Unterwürfigkeit, Rückzug.

- **Übertragen**

Die eigenen Gefühle auf das Kind übertragen:
„Das ist mir früher auch so ergangen. Mir hat die Schule auch keinen Spaß gemacht."
Die Botschaft an das Kind lautet:
Du hast die gleichen Gefühle wie ich. Ich nehme dich nicht als Mensch mit eigenen, anderen Gefühlen wahr.
Diese Gefühle kann die Botschaft auslösen:
Enttäuschung, Frustration, Verwirrung.
Dieses Verhalten kann die Botschaft hervorrufen:
Abgrenzungsprobleme, Rückzug.

Sie werden vermutlich festgestellt haben, dass keine dieser gängigen Elternaussagen die erwünschte Wirkung erzielt. Wie können Sie also stattdessen auf eine Mitteilung Ihres Kindes reagieren? Was können Sie dafür tun, dass sich Ihr Kind Ihnen öffnet und sich mitteilt? Die Antwort ist ganz einfach: Lernen Sie, Ihrem Kind wirklich zuzuhören!

Die Grundlagen für heilendes Zuhören: Einfühlung und Annahme

Einfühlung

Einfühlung ist neben unserer Liebe das wertvollste Geschenk, das wir unseren Kindern (und auch Erwachsenen) geben können. Einfühlung ist eine bestimmte Art des Verstehens – nicht zu verwechseln mit intellektuellem Verstehen oder Mitleid. Einfühlung heißt, dass ich mich nicht mit *meinen* Gefühlen verbinde, sondern mit den Gefühlen *meines Kindes*. Wenn Sie sagen: *„Das macht mich ganz traurig, dass es dir schlecht geht“*, dann ist das Mitleid, aber keine Einfühlung (Empathie).

Wenn Sie sich in Ihr Kind einfühlen, ist Ihre Aufmerksamkeit vollständig auf die Gefühle und Bedürfnisse Ihres Kindes gerichtet. Einfühlung kommt nur dann auf, wenn wir alle vorgefassten Meinungen und Urteile über unser Kind ablegen. Leeren Sie Ihren Verstand und hören mit Ihrem ganzen Wesen zu.

Annahme

Wir bekommen nur dann das Vertrauen unserer Kinder, wenn wir ihnen das Gefühl vermitteln können, wirklich von uns angenommen zu sein. Wenn wir unserem Kind gegenüber Annahme empfinden, ist das eine Sache. Es diese Annahme fühlen zu lassen, ist eine andere. Zeigen wir unsere Annahme nicht, kann unser Kind sie nicht spüren. Deshalb müssen wir lernen, wie wir unsere Annahme zeigen können, damit unser Kind sie fühlen kann. Auch Sie können nie sicher sein, ob Sie ein anderer akzeptiert, bis er es Ihnen auf eine aktive Weise zeigt.

Wenn Sie lernen, Ihrem Kind durch Ihre Worte ein Gefühl der Annahme zu vermitteln, hat das folgende Auswirkungen auf Ihr Kind:

- Ihr Kind spürt, dass Sie es an Ihren Gefühlen und Problemen teilhaben lassen wollen. Die Sprache der Annahme lässt Ihr Kind auftauen.
- Ihr Kind lernt, sich selbst zu akzeptieren, zu mögen und ein Gefühl seines eigenen Wertes zu bekommen.
- Es fühlt sich geliebt – denn einen anderen Menschen anzunehmen, „wie er ist", stellt einen wahrhaften Akt der Liebe dar.

In *Saint-Exuperys* berühmtem Buch sagt der kleine Prinz: *„Man sieht nur mit dem Herzen gut."* Er hätte ebenso sagen können: *„Man hört nur mit dem Herzen gut."*

Professionelle Berater und Therapeuten lernen durch methodische Schulung und lange Erfahrung, wie sie Einfühlung entwickeln und ihre Annahme ausdrücken. Sie lernen, positive Botschaften auszusenden und ein Gespräch so zu führen, dass es heilt und konstruktive Veränderungen in Gang bringt.

Wenn Sie nicht zu den wenigen Eltern gehören, die diese therapeutischen Kenntnisse intuitiv besitzen und demzufolge Naturtalente sind, haben Sie die Möglichkeit, die Kommunikationsmethoden zu erlernen – was Sie bereits beim Lesen dieses Buches tun.

Hilfreiche Einstellungen für das Zuhören

Untersuchungen haben gezeigt, dass all jene Eltern, die mit ihren Kindern stets im vertrauensvollen Gespräch geblieben sind, eines gemeinsam haben: Sie haben die gleichen gemeinsamen Einstellungen zu ihrem Kind. Eine Mutter, die trotz vieler Probleme stets ein sehr offenes, inniges Verhältnis zu ihrer Tochter behalten hat, formulierte diese Einstellungen so:

- *„Ich muss hören* ***wollen****, was mir mein Kind zu sagen hat. Wenn ich keine Zeit oder Bereitschaft habe, sage ich es ihm."*
- *„Ich habe ein tiefes Vertrauen in die Fähigkeit meines Kindes, mit seinen Empfindungen umgehen zu können und selbst Lösungen für Probleme zu finden."*
- *„Wenn mein Kind etwas Unangenehmes in seinem Leben erfahren hat, ist es* ***sein*** *Problem, und es hat das Recht auf seine* ***eigene*** *Reaktion."*

- *„Ich schreite nur ein, wenn es nicht in der Lage ist, sein Wohlbefinden, seine Gesundheit oder seine Rechte selbst zu verteidigen - und wenn es damit einverstanden ist, dass ich ihm helfe."*
- *„Ich versuche immer, die Gefühle meines Kindes anzunehmen, sie* **nicht** *zu leugnen, zu bewerten oder zu verurteilen."*
- *„Ich bin mir bewusst, dass Gefühle nicht von Dauer sind. Schon während ich meinem Kind zuhöre, kann sich Traurigkeit in Hoffnung verwandeln."*

Diese Einstellungen zum Kind bilden die Basis für eine gesunde Eltern-Kind-Beziehung, in der alle miteinander im Gespräch bleiben.
Es hilft unseren Kindern, wenn wir da sind, wenn sie uns brauchen, und wenn wir ihnen dann einfühlsam zuhören und sie so annehmen, wie sie sind – besonders, wenn sie in Not sind. Das ist nicht leicht, weil wir selbst dazu erzogen wurden, unmittelbar Ratschläge zu erteilen oder zu versuchen, eine schnelle Lösung für jede Situation zu finden. Ein respektvolles Verständnis, wobei das Kind spürt, dass wir da sind und wir wirklich hören, was es gerade fühlt und braucht, kann da sehr heilsam sein. Manchmal können wir dabei ganz ohne Worte auskommen. Mitunter helfen dem Kind aber auch die folgenden Türöffner, um sein Herz auszuschütten und sich zu öffnen. Öffnen Sie Ihrem Kind die Tür zum Sprechen.

Einfache Türöffner:

„Oh."
„Aha."
„Ah ja."
„Hmhm."
„Im Ernst."
„Tatsächlich."
„Interessant."
„Erzähl mir darüber."
„Schieß los, ich höre."
„Möchtest du darüber sprechen?"
„Erzähl mir die ganze Geschichte."
„Das scheint etwas zu sein, das dir sehr wichtig ist."
„Gibt es noch etwas, das du mir erzählen möchtest?"

Passives Zuhören

Schweigen – „passives Zuhören" – ist eine wortlose Botschaft an Ihr Kind. Sie kann Ihrem Kind das Gefühl aufrichtiger Annahme vermitteln. Professionelle Helfer wenden das passive Zuhören häufig an. Ein Mensch, der erstmals einen Psychologen oder Berater aufsucht, macht oft zum ersten Mal die Erfahrung, dass ihm jemand mit aufrichtigem Interesse, Einfühlung und Annahme *zuhört*. Wie das passive Zuhören von einem Kind als Einladung, sich weiter zu öffnen, verstanden werden kann, zeigt das folgende Gespräch:

Felix: *„Frau Müller* (die Deutschlehrerin) *hat mich heute eine Stunde in die Nachbarklasse geschickt."*
Mutter: *„Oh?"*
Felix: *„Ja, sie fand, ich mache zu viel Unsinn in der Stunde."*
Mutter: *„Aha."*
Felix: *„Ich kann sie nicht leiden. Sie ist so ungerecht. Max redet die ganze Zeit. Und er wird nie in die Nachbarklasse geschickt."*
Mutter: *„Hmhm."*
Felix: „Es ist so langweilig bei ihr im Unterricht. Sie ist die langweiligste Lehrerin von der ganzen Schule. Ich kann bei ihr einfach nicht zuhören. Sie nervt mich schon, wenn ich sie nur sehe."
Mutter: (Schweigen)
Felix: *„Bei ihr habe ich überhaupt keine Lust, was zu lernen. Warum ist die bloß Lehrerin geworden? Warum gibt es nicht viel mehr so nette Lehrer wie Herrn Mayer* (der Mathematiklehrer)?"
Mutter: (zuckt mit den Schultern)
Felix: *„Vielleicht würde ich dann gar nicht merken, dass Herr Mayer ein besonders netter Lehrer ist. Wenn alle so nett wären wie er, dann wäre er gar kein besonderer Lehrer mehr."*

Das Schweigen der Mutter und einige einfache Türöffner ermöglichen Felix, sich ihr weiterhin anzuvertrauen, seinen aufgestauten Gefühlen gegenüber der Lehrerin Luft zu machen und zu seiner eigenen Schlussfolgerung zu kommen. Hätte die Mutter schon nach der ersten Aussage von Felix mit Ratschlägen, Trösten oder Beschimpfungen reagiert, hätte sie mit großer Wahrscheinlichkeit nicht so viel über ihren Sohn und darüber erfahren, was ihn wirklich beschäftigt.

Es kann für Ihr Kind eine wunderbare Erfahrung sein, wenn Ihr Schweigen ihm ein Gefühl des Angenommenseins vermittelt. Wenn Sie ihm nur zuhören und es durch Ihre Reaktion zum Weitersprechen ermuntern, vermitteln Sie ihm: *„Mich interessiert, was dich beschäftigt. Du bist mir wichtig. Ich nehme dich so an, wie du bist.“*

In Ihrer Beziehung zu Ihrem Kind können Sie in den meisten Situationen allerdings nicht lange schweigsam bleiben. Es liegt auf der Hand: Sie müssen mit Ihrem Kind sprechen – und Ihr Kind braucht das Gespräch mit Ihnen, wenn Sie eine lebendige Beziehung wollen.

Das Gespräch ist wichtig. Aber *wie* Sie mit Ihrem Kind sprechen, ist entscheidend. Genauso verhält es sich mit dem Zuhören: Zuhören ist wichtig. Aber *wie* sie zuhören, entscheidet darüber, ob sich Ihr Kind Ihnen ein weiteres Mal anvertrauen wird.

Aktives Zuhören

Sie haben soeben erfahren, wie Sie Ihrem Kind die Tür zum Sprechen öffnen. Sehen Sie jetzt, wie Sie diese Tür *offen* halten.

Noch viel effektiver als das *passive Zuhören* (Schweigen) ist das *aktive Zuhören*, bei dem sowohl Ihr Kind (Sender der Botschaft) als auch Sie (Empfänger der Botschaft) aktiv sind. Sie zeigen Ihrem Kind aktiv Ihr Interesse an seiner Mitteilung, indem Sie ...

... ihm konzentriert zuhören
... sich darauf einstimmen, was Ihr Kind fühlt und braucht
... die vermuteten Gefühle und Bedürfnisse in Form einer Frage formulieren
... die Kernaussage der Mitteilung kurz mit Ihren eigenen Worten wiedergeben

Damit geben Sie Ihrem Kind die Chance, ein Missverständnis sofort auszuräumen und über das, was es gesagt hat, noch einmal nachzudenken oder noch genauer in sich hinein zu horchen. Es spielt dabei keine Rolle, mit welchen Worten Ihr Kind sein Anliegen oder sein Problem ausdrückt. Denn Sie brauchen nur darauf zu achten, was Ihr Kind fühlt und braucht.

Ein Gespräch, in dem Sie aktiv zuhören, könnte etwa so verlaufen:

Moritz: *„Die Lehrer sind alle völlig bescheuert. Warum müssen sie uns jeden Tag so viele Hausaufgaben aufgeben? Am liebsten würde ich nie wieder in die Schule gehen."*
Vater: (hört auf das, was Moritz fühlt und braucht) *„Bist du wütend auf die Lehrer, weil du deine Zeit gern mit anderen Dingen verbringen möchtest?"*
Moritz: *„Ja. Ich habe überhaupt keine Zeit mehr für meine Freunde. Und das nur, weil die es nicht lassen können, uns jeden Tag so viele Hausaufgaben aufzugeben. Wahrscheinlich macht es den Lehrern auch noch Spaß, uns den Tag zu verderben."*
Vater: (hört weiter auf die Gefühle seines Sohnes) *„Das klingt so, als ob du richtig sauer auf die Lehrer bist."*
Moritz: *„Genau. Ich hasse die Lehrer, ich hasse die Hausaufgaben. Und ich hasse die Schule."*
Vater: (gibt die Mitteilung wieder) *„Habe ich dich richtig verstanden: Du hasst alles, was mit Schule zusammenhängt?"*
Moritz: *„Alle Lehrer hasse ich eigentlich nicht - nur zwei. Die eine kann ich überhaupt nicht leiden. Sie ist die Schlimmste von allen."*
Vater: *„Die eine hasst du ganz besonders, ja?"*
Moritz: „Und wie! Es ist diese Frau Müller. Ich kann sie einfach nicht ausstehen. Und bei der haben wir auch noch jeden Tag Unterricht."
Vater: *„Du musst sie lange aushalten."*
Moritz: *„Ja, ich weiß nicht, wie ich das noch ein Jahr lang aushalten soll. Weißt du, was sie dauernd macht? Sie macht einen ganz schlechten Witz und lacht dann selbst darüber. Total peinlich! Und sie riecht so komisch, dass einem schlecht werden kann."*
Vater: *„Das hört sich so an, als könntest du sie wirklich nicht riechen."*
Moritz: *„Außerdem nimmt sie immer nur ihre Lieblinge dran. Ich kann mich melden, so viel ich will - mich beachtet sie sowieso nicht."*
Vater: *„Bist du enttäuscht, weil du gern mehr Aufmerksamkeit von ihr hättest?"*
Moritz: *„Eigentlich nicht. Jedenfalls nicht von ihr."*
(Achten Sie darauf, dass die falsche Vermutung des Vaters dem Gesprächsfluss keinen Abbruch tut.)
Vater: *„Das klingt so, als hättest du gern von jemand anderem mehr Aufmerksamkeit."*

Moritz: *„Ich habe einfach das Gefühl, die meisten Mädchen mögen mich nicht."* (Tränen)
Vater: *„Bist du traurig, weil du dir wünschst, dass die Mädchen mehr Interesse an dir zeigen?"*
Moritz: *„Eigentlich würde es mir reichen, wenn Sofie mehr Interesse an mir hätte."*

In diesem abgekürzten Gespräch zwischen Vater und Sohn wird deutlich, wie der Vater seine eigenen Gedanken und Gefühle beiseite schiebt, um zuzuhören und um Moritz' Gedanken und Gefühle zu verstehen. Indem der Vater sich konsequent auf aktives Zuhören verlässt, zeigt er Verständnis und Einfühlungsvermögen für Moritz' Empfindungen. Gleichzeitig erlaubt er ihm aber, die Verantwortung für sein Problem zu behalten.
Haben Sie bemerkt, wie sehr das aktive Zuhören es Moritz erleichtert, mehr zu sagen, tiefer zu gehen und sich weiter zu öffnen?
Viele Eltern empfinden das aktive Zuhören als große Erleichterung, weil es sie von dem Druck befreit, ihre Kinder immer glücklich zu machen, sich stets für das Wohlbefinden und das Verhalten ihres Kindes verantwortlich zu fühlen und alle seine Probleme lösen zu müssen.
Durch das aktive Zuhören sind viele Eltern in der Lage, die „geistige Nabelschnur" zu ihrem Kind zu durchtrennen, indem sie ihr Kind erstmals als von sich getrennten Menschen erleben, der ein Recht auf seine eigenen Gefühle, Gedanken, Entscheidungen und Erfahrungen hat. Das kann eine sehr befreiende Wirkung haben – sowohl für Sie als auch für Ihr Kind.
Wenn Sie sich diese Einstellungen zu eigen machen, dann werden Sie nicht mehr so leicht der Versuchung erliegen, vorschnell Lösungsvorschläge und Ratschläge anzubieten *(„Du solltest dir Hilfe suchen")*, Ihr Kind von seinem Problem abzulenken *(„Lass uns über was anderes reden")*, sein Problem zu leugnen *(„Das ist doch alles halb so schlimm")* oder ihm eine Predigt zu halten *(„Pass auf, das macht man so ...")*. Stattdessen werden Sie für Ihr Kind ein wahrhaft hilfreicher Begleiter auf seinem Lebensweg sein.

Lesen Sie hier einige Formulierungshilfen, die Ihnen das aktive Zuhören erleichtern:

Formulierungshilfen für das aktive Zuhören

Fragen zu den Gefühlen und Bedürfnissen:

„Fühlst du dich ..., weil du ... brauchst?“
„Bist du ..., weil du dir ... wünschst?“
„Kann es sein, dass du ... bräuchtest, damit du dich besser fühlst?“

„Könnte es sein, dass ...?“
„Das klingt so, als ob ...“
„Das hört sich für mich so an, als ob ...“
„Und wie hast du dich dabei gefühlt?“

Wiedergabe der Mitteilung:

„Also, im Grunde sagst du, dass ...“
„Habe ich dich so richtig verstanden: Du ...“
„Lass mal sehen, ob ich dich richtig verstanden habe: Du ...“
„Ich möchte sichergehen, dass ich dich richtig verstanden habe. Du ...“

Wenn Sie sich noch weiter in die Kunst des aktiven Zuhörens vertiefen möchten, finden Sie in dem berühmten Buch von *Thomas Gordon „Familienkonferenz“* weitere Hinweise und Übungen.

KAPITEL 6: DAS WICHTIGSTE IN KÜRZE

- Das sollten Sie vermeiden, wenn Ihr Kind Ihnen sein Herz ausschüttet: Ratschläge erteilen, Befehlen, Drohen, Predigen, Ablenken, Beruhigen und Übertragen
- Die Verantwortung und das Vergnügen der Lösungsfindung für ein Problem dürfen Sie Ihrem Kind überlassen.
- Bieten Sie Ihrem Kind Zeit, Klarheit und Verständnis an, damit es ein Problem in eine Lernerfahrung umwandeln kann.
- Üben Sie sich im aktiven Zuhören. Denn dadurch lernen Kinder, ...

  ... ihre Gefühle und Bedürfnisse ernst zu nehmen

  ... ihre Probleme selbst zu lösen

  ... sich Ihnen anzuvertrauen

Botschaft an Sie als Eltern:

Vielleicht haben *Sie* ja ein besonderes Talent zum Zuhören

7

Die entscheidenden Fragen stellen

„Ich wurde als Kind nie gefragt, welche Beschäftigungen und Dinge mich glücklich machen könnten. Damals haben die Menschen nicht in diesen Kategorien gedacht. Das ist genau das, was ich jetzt meine Enkelkinder frage. Ich frage sie: Was wird euch glücklich mchen? Und nicht: Was wird euch erfolgreich machen? Oder: Was wird euch in die Lage versetzen, andere zu beeindrucken? Sondern einfach: Wie könnt ihr glücklich sein?“

(Isabel Allende)

Fragen, die Sie ersatzlos streichen können

Viele Menschen sind in ihrem Leben deshalb unglücklich, weil sie sich immer wieder die „falschen" Fragen stellen. Fragen sind deshalb so überaus machtvoll, weil sie unsere Gedanken und unsere Aufmerksamkeit in eine bestimmte Richtung lenken. Eine Frage fordert uns dazu auf, uns mit bestimmten Themen auseinander zu setzen. Ihre Fragen entscheiden darüber, ob Ihr Kind sich nach einem Gespräch mit Ihnen angenommen und verstanden fühlt und ob es sich auf seine Stärken und Ziele besinnt.

Fragen dienen meist dazu, Informationen und Einsichten zu gewinnen und Klarheit zu erlangen. Ob die gewonnenen Erkenntnisse hilfreich sind oder nicht, hängt maßgeblich von der Art Ihrer Frage ab. Wenn Sie sich beispielsweise immer wieder fragen *„Was mache ich nur falsch im Leben?"*, dann lenken Sie Ihre Gedanken auf das Negative in Ihrem Leben. Höchstwahrscheinlich werden Sie zu ganz anderen Einsichten gelangen und ein anderes Lebensgefühl entwickeln, als wenn Sie sich die Frage stellen *„Was kann ich in meinem Leben verändern, damit ich mich noch wohler fühle?"*

Ebenso verhält es sich mit den Fragen, die Sie Ihren Kindern stellen. Ihre Fragen können Ihrem Kind helfen, ...

- ... sich konstruktiv mit einem Problem zu beschäftigen und eine Lösung zu finden
- ... eine Situation aus einer neuen Perspektive zu sehen
- ... die Konzentration auf seine Ziele und Stärken zu richten
- ... seine Wahlmöglichkeiten zu erkennen
- ... ihm seine Gefühle und Bedürfnisse bewusst machen

Fragen können allerdings auch weniger sinnvoll sein, wie die Gegenüberstellung von hilfreichen und weniger hilfreichen Fragen zeigt:

Wenig hilfreiche Fragen	Hilfreiche Fragen
„Was werden wohl die anderen Leute darüber denken?“	***„Was fühlst und was brauchst du?“ „Was hältst du für richtig?“***
„Warum fängst du nicht endlich an, Sport zu treiben?“	***„Was kann dir dabei helfen, mit Sport anzufangen?“***
„Wie willst du das denn schaffen?“	***„Was kann dich darin unterstützen, dass du es schaffst?“***
„Was fehlt dir noch, um deinen Traum zu verwirklichen?“	***„Was hast und kannst du bereits alles, um deinen Traum zu verwirklichen?“***
„Wie konntest du nur so dumm sein?“	***„Was kannst du beim nächsten Mal anders machen?“***

Wenn Sie Ihrem Kind beibringen, sich selbst hilfreiche Fragen zu stellen, tragen Sie viel dazu bei, dass sich Ihr Kind zu einem Glückskind entwickelt.

Solche Fragen sollten Sie vermeiden:

- **Vergleiche ziehen**
  „Warum kannst du nicht so brav sein wie dein Bruder?“
  „Warum machst du es nicht so wie Lilly, die so gut in Deutsch ist?“
  „Kannst du auch schon so schnell rennen wie der Alexander?“

- **Vorhaltungen machen**
  „Wie konnte dir das nur passieren?“
  „Was hast du denn nun schon wieder angestellt?“
  „Kannst du nicht aufpassen?“

- **Die Aufmerksamkeit auf Schwächen und Defizite lenken**
  „Warum passiert dir das immer?"
  „Warum gelingt es dir nicht?"
  „Warum kannst du nicht auch mal eine Eins nach Hause bringen?"

- **Warum-Fragen bei unerwünschtem Verhalten**
  „Warum liegst du denn immer noch nicht im Bett?"
  „Warum räumst du nicht dein Zimmer auf?"
  „Warum lässt du Alexander nicht endlich in Ruhe?"
  „Warum tust du nicht, was ich dir sage?"

Haben Sie schon einmal erlebt, dass solche Fragen ein fruchtbares Gespräch in Gang bringen, ihr Kind zum Nachdenken anregen, ein Problem lösen helfen oder zur erwünschten Verhaltensänderung führen? Sicherlich nicht. Stattdessen drücken diese Fragen meist drei Dinge aus: unseren Ärger, unsere Hilflosigkeit und unser mangelndes Vertrauen in die Fähigkeiten unserer Kinder.

Eine Freundin erzählte mir einmal, dass sie keine Lust mehr habe, mit ihrem Vater zu telefonieren, weil sie sich nach jedem Telefonat niedergeschlagen und unzulänglich fühle, obwohl ihr Vater ihr stets zuhöre und vermeintlich interessierte Fragen stelle. Im gemeinsamen Gespräch fanden wir heraus, dass es die Art der Fragen war, die bei meiner Freundin die verschiedenen Gefühle hervorrief. Es waren die Fragen, die man besten Gewissens ersatzlos streichen kann:

- *„Warum hast du dich so lange nicht gemeldet?" (Vorhaltungen machen)*
- *„Warum kommst du mich nicht öfter besuchen, so wie deine Schwester?"* (Vergleiche ziehen)
- *„Hast du endlich deine Beförderung in der Tasche? Warum denn nicht?"* (Den Finger auf den wunden Punkt legen?)
- *„Warum bewirbst du dich nicht endlich bei der Firma, die ich dir schon so lange empfehle?"* (Warum-Frage: *„Warum tust du noch immer nicht, was ich dir sage?"*)

Tipp

Ihre Fragen entscheiden darüber, welche Einsichten Ihr Kind aus einem Gespräch mit Ihnen mitnimmt.

Wenn Ihr Kind Ihnen ein Problem anvertraut, können Sie ihm durch Ihre Fragen helfen, sein Problem selbst zu lösen. Sie können ihm Fragen zu seinen Schwierigkeiten stellen, die das Problem genauer definieren, die seine Ursachen näher beleuchten und die ihm seine Gefühle und Bedürfnisse bewusst machen. Um nicht nur im Problem „verhaftet zu bleiben", können Sie anschließend die Aufmerksamkeit weg vom Problem und hin zu den Wünschen, Zielen und Träumen des Kindes lenken.
Wenn das Ziel klarer umrissen ist, können Sie mithilfe ausgewählter Fragen die Lösung des Problems gemeinsam mit Ihrem Kind erarbeiten. Bedenken Sie: Ihre Fragen bestimmen die Richtung und den Verlauf eines Gesprächs. Sie haben es mit Ihrer Frage in der Hand, wohin Sie die Gedanken und Empfindungen Ihres Kindes lenken.

Fragen zur Lösung eines Problems

Die folgenden Fragen können das aktive Zuhören ergänzen. Sie können allerdings auch der rote Faden für ein Gespräch sein, in dem eine Lösung für ein Problem vom Kind selbst gefunden wird.

Fragen zum Problem:

- ***„Was belastet dich am meisten?"***
- ***„Was ist genau dein Problem?"***
- ***„Was ist im Moment das Schlimmste für dich?"***
- ***„Warum, glaubst du, hast du diese Schwierigkeit?"***
- ***„Wie fühlst du dich dabei?"***

Fragen zu den Zielen:

- ***„Was wünschst du dir?"***
- ***„Wovon träumst du?"***

- ***„Wie könnte das Ziel für dich aussehen?"***
- ***„Woran merkst du, dass du dein Ziel erreicht hast?"***

Fragen zu den Ressourcen:

- ***„Was bräuchtest du, um …?"***
- ***„Was könnte dir helfen, …?"***
- ***„Was könnte dich unterstützen …?"***
- ***„Welche Fähigkeiten hast du bereits, die dir dabei helfen können?"***
- ***„Was brauchst du, damit es dir besser geht?"***
- ***„Was kannst du selbst dafür tun?"***
- ***„Was kann ich für dich tun?"***

Fragen für den Tag

Ich möchte Ihnen nun noch einige Fragen für den Tag mit auf den Weg geben. Probieren Sie doch einmal, sich diese Fragen kurz nach dem Aufwachen zu beantworten. Noch während Ihre Augen geschlossen sind, können Sie sich so positiv auf den Tag einstimmen.

Die Fragen eignen sich auch hervorragend für ein Gespräch am Frühstückstisch. Es kann sein, dass Ihre Familie anschließend beschwingt und fröhlich in den Tag startet. Weil Sie Ihre Familienmitglieder mit diesen Fragen dazu bringen, an das positive in ihrem Leben zu denken und sich bewusst zu machen, wie gut es ihnen geht.

- ***„Worauf kannst du stolz sein in deinem Leben?"***
- ***„Was macht dich glücklich?"***
- ***„Wofür kannst du dankbar sein?"***
- ***„Wen oder was liebst du?"***
- ***„Wer liebt dich?"***
- ***„Worauf freust du dich heute?"***
- ***„Was kannst du heute tun, um deinen Traum zu verwirklichen?"***

Sie können sich diese und weitere Fragen auch auf ein schön gestaltetes Blatt Papier schreiben und sie im Schlafzimmer oder über dem Essplatz aufhängen. So denken Sie immer wieder daran, sich mit den Fragen zu beschäftigen, die Sie im Gleichgewicht halten und die Sie an Ihre Lebensfreuden erinnern.

Sie haben nun schon viel über die Macht der Sprache und die Zauberkraft, die in Ihren Botschaften steckt, erfahren. Wenn Sie sich dennoch einmal unsicher sind, wie sich Ihr Gespräch auf Ihr Kind auswirkt, werden Ihnen folgende Fragen helfen:

- ***„Wie würde ich mich fühlen, wenn mir jemand so etwas sagt?“***
- ***„Welche Botschaft bräuchte ich in dieser Situation?“***
- ***„Welche Frage würde mir jetzt weiterhelfen?“***

Kapitel 7: Das Wichtigste in Kürze

- Mit Ihrer Frage bestimmen Sie, worauf Ihr Gegenüber die Aufmerksamkeit lenkt.
- Stellen Sie Ihren Kindern Fragen, die ihre Gedanken in eine positive oder konstruktive Richtung lenken.
- Wer die Fragen stellt, bestimmt den Verlauf des Gesprächs.

Fragen an Sie als Eltern:

- **Was macht Sie glücklich?**
- **Wofür sind Sie dankbar?**
- **Welche Träume haben Sie?**

Konflikte friedlich lösen

8

„Ich lehne Gewalt ab, weil das Gute, das sie zu bewirken scheint, nicht lange anhält; dagegen ist das Schlechte, das sie bewirkt, von Dauer."

(Mahatma Gandhi)

Wie Sie Lösungen finden können

Beziehungen – auch die Eltern-Kind-Beziehung – sind ohne Konflikte und Auseinandersetzungen nicht möglich. Das hat einen einfachen Grund: Sowie zwei Menschen aufeinander treffen, prallen häufig auch unterschiedliche Bedürfnisse und Wünsche aufeinander.

Mit Konflikten offen und friedlich umzugehen fällt vielen Menschen nicht leicht. Das zeigt sich in unserer nächsten Umgebung: Kleinkrieg oder Schweigen in den Familien, erbitterte Streitereien mit der Nachbarschaft und zunehmende Brutalität auf den Schulhöfen. Erwachsene, Jugendliche und selbst Kinder können zu einer Gefahr werden, wenn sie nicht gelernt haben, ihrem Ärger auf gewaltfreie Art Ausdruck zu verleihen. Oftmals haben wir Erwachsene selbst Schwierigkeiten, uns offen und konstruktiv zu begegnen.

Die meisten von uns neigen dazu, einen Konflikt nicht offen anzusprechen, sondern stattdessen mit anderen über die Auseinandersetzung zu reden oder das Problem tot zu schweigen. Meistens geht es in einem Konflikt darum, das eigene Gesicht zu wahren, Recht zu bekommen oder die eigenen Wünsche und Vorstellungen durchzusetzen.

Dieser gängigen Haltung zu Konflikten setzt *Marshall Rosenberg,* der Begründer der gewaltfreien Kommunikation, eine grundsätzlich andere Philosophie gegenüber:

In einem Konflikt geht es nicht darum, das durchzusetzen, was man selbst will, sondern es geht um einen einfühlsamen Kontakt zu seinem Konfliktgegner und darum, eine Lösung zu finden, bei der alle Bedürfnisse berücksichtigt werden. Eine offene, aufrichtige und einfühlsame Kommunikation besteht auch bei Konflikten aus den folgenden Zutaten:

1) Beobachtungen äußern, ohne zu bewerten	*(„Wenn du ihn trittst, ...)*
2) Gefühle ausdrücken	*(... bekomme ich Angst ...)*
3) Bedürfnisse benennen	*(... denn ich wünsche mir, dass wir uns hier alle sicher fühlen.)*
4) Bitten formulieren	*(Bitte lass ihn in Ruhe.“)*

Diese Haltung entschärft den Konflikt, weil das Gegenüber nicht mehr als Gegner, sondern als Mensch mit anderer Meinung, anderen Gefühlen und Bedürfnissen – oder im besten Fall als Inspirationsgeber, der neue Blickwinkel eröffnet – wahrgenommen wird. Wenn Sie und Ihre Kinder diese Haltung verinnerlichen, dann werden einige Konflikte erst gar nicht entstehen – oder Sie werden sie behutsam lösen.

Tipp

Wenn wir einen Konflikt friedlich lösen wollen, geht es

a) um einen einfühlsamen Kontakt zu unserem Gegenüber

b) um eine Lösung, die alle Bedürfnisse berücksichtigt

Auseinandersetzungen zwischen Eltern und Kindern

Auseinandersetzungen zwischen Eltern und Kind lassen sich nicht vermeiden. Kinder müssen kämpfen und ausprobieren, wie sie ihre Bedürfnisse erfüllen können. Aber Sie müssen nicht jeden Kampf mitmachen. Vor allem aber müssen Sie nicht jede Provokation, jedes Schimpfen und jeden Trotzanfall auf sich beziehen. Sie können ruhig und gelassen bleiben, denn Sie können davon ausgehen: Ihr Kind meint es nicht persönlich. Es probiert nur gerade aus, mit welcher Strategie es seine Wünsche am besten erfüllen kann. Mit wem könnte es das besser üben als mit Ihnen?

Wenn ein Kind (oder Erwachsener) uns kritisiert, beschimpft oder mit Worten verletzt, neigen die meisten von uns zu zwei Reaktionen:

- Sich selbst die Schuld geben, indem man die Worte persönlich nimmt
- Dem anderen die Schuld geben und ihn verurteilen

Es gibt jedoch noch einen dritten Weg, wie Sie mit Kritik umgehen können: Wenn Sie darauf achten, welche Gefühle und Bedürfnisse hinter der Kritik und den Beschimpfungen stehen und *aktiv zuhören*, dann haben Sie die Chance, mit dem anderen in ein konstruktives Gespräch zu kommen.

Auseinandersetzungen zwischen Kindern

Bereits Kleinkinder werden in erste Konflikte verwickelt, wenn sich beispielsweise die Freundin mit dem Buddeleimer davonmacht und dieser mit lautem Weinen, Schreien und Hauen zurückerobert wird.
Für Kinder zwischen 1 und 10 Jahren bedeutet Streit oft, handgreiflich aneinander zu geraten, das heißt: sich gegenseitig schubsen, schlagen, kratzen, kneifen, beißen und an den Haaren ziehen.
Ältere Kinder und Jugendliche verletzen sich weniger *körperlich*, sondern vielmehr *sprachlich* mit Worten wie *„Du blöde Kuh!"* oder *„Lass mich in Ruhe, du Idiot!"*. Sie wenden häufig verbale Gewalt an.
Oft sind Kinder und Jugendliche in der Lage, ihren Streit selbständig zu schlichten. So lernen sie, eigenverantwortlich zu handeln und eine Einigung zu finden, die beiden zugute kommt.
Wenn Sie allerdings länger dem Treiben auf einem Spielplatz zuschauen, werden Sie immer wieder beobachten, dass sich Eltern in einen Streit zwischen Kindern einmischen, obwohl die Kinder durchaus fähig wären, ihren Konflikt allein auszutragen. Besonders beliebt sind dabei die – Sie erinnern sich? – klassischen Eltern-Reaktionen, wie:

- Ratschläge erteilen (*„Der Klügere gibt nach."*)
- Befehle geben (*„Entschuldige dich!"*)
- Drohen (*„Wenn du nicht sofort aufhörst, gibt´s was hinter die Löffel."*)
- ‚Predigen (*„Du solltest ihm nicht die Schippe wegnehmen. Das tut man nicht."*)
- Ablenken (*„Schaut mal, was ich hier Leckeres für euch habe."*)
- Beruhigen (*„Das ist doch nicht so schlimm!"*)

Solche Bemerkungen sind regelrechte Kommunikationsblockaden. Sie bauen Vertrauen ab und verhindern Einsichten. Im Gegensatz zu Ihnen ist den meisten Eltern jedoch nicht bewusst, welche negativen Botschaften sich hinter solchen Aussagen verbergen (siehe Kapitel 6). Doch es gibt auch andere – wie ich finde, bessere – Möglichkeiten, auf einen Streit zwischen Kindern zu reagieren.

Meine Kollegin ist eine Fachfrau in Sachen Konfliktlösung. Hören Sie selbst wie sie letztens auf einen Streit zwischen ihrer Tochter und ihrem Spielkameraden reagierte:

Mathilda: (wütend) *„Jannek hat mich mit Sand beworfen."*
Mutter: *„Was willst du jetzt tun?"*
Mathilda: *„Ich bewerfe ihn auch mit Sand."*
Mutter: *„Das wäre eine Möglichkeit. Die Folge wäre, dass er wahrscheinlich wieder zurückwirft - und das geht dann immer weiter so, bis ihr zwei euch richtig in den Haaren liegt. Gibt es etwas, was du ihm sagen möchtest?"*
Mathilda: *„Dass er aufhören soll."*
Mutter: *„Wie sagst du ihm das genau?"*
Mathilda: (brüllt) *„Jannek, du sollst jetzt sofort aufhören!"*
Mutter: *„Ich könnte mir vorstellen, dass er eher auf deine Bitte hört, wenn du es ihm freundlicher sagst und ihm auch sagst, warum er aufhören sollte."*
Mathilda: (ruhig, aber bestimmt) *„Jannek, bitte hör auf damit, weil ich es nicht mag, wenn du mich mit Sand bewirfst."*
Mutter: *„Ich würde an Janneks Stelle jetzt aufhören. Probier es doch mal."*

Mathilda geht zu Jannek und sagt ihm den Satz. Jannek bewirft sie kein weiteres Mal mit Sand, und sie beginnen eine Sandburg zu bauen. Etwas später kommt Mathilda zur Mutter um etwas zu trinken:

Mathilda: (stolz) *„Mama, Jannek hat mit dem Sandwerfen aufgehört."*
Mutter: *„Das freut mich, weil du jetzt weißt, was du beim nächsten Mal sagen kannst."*

Hätte die Mutter die Situation gleich selbst in die Hand genommen, indem sie z. B. Jannek gedroht hätte: *„Hör sofort auf damit, sonst gibt es Ärger!"*, wäre Mahtilda eine wertvolle Lernerfahrung entgangen. Vermutlich hätte die Mutter mit so einer Aussage auch dazu beigetragen, die Beziehung zwischen Mathilda und Jannek längerfristig zu stören.
Stattdessen hat sie ihrer Tochter das Vertrauen geschenkt, selbst mit der Situation fertig zu werden. Mit wenigen Fragen hat die Mutter Mathilda darin unterstützt, sich ihre Handlungsmöglichkeiten zu betrachten und sie dazu ermuntert, eine in die Tat umzusetzen.

Mit den folgenden Fragen können Sie Ihrem Kind helfen, die Verantwortung zu übernehmen und seine Konflikte selbst zu lösen:

Fragen zum Konflikt

- **„Was willst du jetzt tun?"**
- **„Was kannst du selbst tun?"**
- **„Was kannst du ihr/ihm sagen?"**
- **„Wie fühlst du dich?"**
- **„Was wünschst du dir von ihm/ihr?"**
- **„Was bist du selbst bereit zu tun?"**

Wenn Kinder nicht in der Lage sind, ihre Konflikt selbst zu lösen, wenn der Streit eskaliert und die Gefahr einer Verletzung besteht – und wirklich nur dann – ist es sinnvoll, dass Sie eingreifen.

Wie Sie eine gewalttätige Auseinandersetzung entschärfen können

Wenn Sie Zeuge eines Konfliktes werden, in dem Kinder mit Taten oder Worten Gewalt anwenden, oder ein Kind zu Ihnen kommt und von einer gewalttätigen Auseinandersetzung berichtet, dann müssen Sie sich einmischen. Wenn Sie sich nicht sicher sind, fragen Sie das Kind, ob es Ihre Hilfe braucht. Wenn es das bejaht, ist schnelles Handeln erforderlich:

1) Trennung der Streitenden

Mit Worten wie ***„Schluss damit! Hört sofort auf! Hier wird nicht geprügelt!"*** können sie die Streitenden voneinander trennen. Beide Kinder müssen sofort voneinander getrennt werden, notfalls mit körperlichem Einsatz.

2) Nicht entweichen lassen

Lassen Sie die Streitenden nicht flüchten!
„Hier geblieben! Erst wird vereinbart, wann euer Streit geklärt wird, dann könnt ihr gehen."

3) Konsequenzen aufzeigen

Benennen Sie die Konsequenzen wie z. B. eine Meldung an die Eltern, den Kindergarten oder die Schulleitung. ***„Das hier war kein Spaß, dein/euer Tun hat Konsequenzen."***
Eine Ankündigung darf keine leere Aussage sein: Sie muss konsequent umgesetzt werden.

Im Anschluss daran oder auch einige Tage später können die Ursachen für den Streit friedlich in einem Gespräch geklärt werden. Wie das funktioniert, erfahren Sie hier:

Das Streitschlichtungs-Gespräch

Wenn sich Ihr Kind mit jemandem gestritten hat und es nicht in der Lage ist, den Streit selbst zu schlichten, kann ein Gespräch mit Ihnen sehr hilfreich sein. Sie übernehmen in diesem Streitschlichtungsgespräch die Rolle des Vermittlers. Für dieses Gespräch sollten alle Beteiligten ausreichend Zeit mitbringen.
Sorgen Sie dafür, dass das Gespräch in einer vertrauensfördernden Atmosphäre stattfindet. Am besten sitzen Sie den Kindern gegenüber, während die beiden Kinder mit genügend Abstand nebeneinander Platz nehmen. Weisen Sie zu Beginn darauf hin, dass es in dem Gespräch nicht darum geht, einen Schuldigen zu finden, sondern eine Lösung, die allen Beteiligten zugute kommt. Fragen Sie noch einmal nach, ob beide zu einem Gespräch bereit sind, und nennen Sie anschließend die Gesprächsregeln:

Wichtige Gesprächsregeln:

- **Höflich miteinander reden**
- **Ausreden lassen**
- **Zunächst nur zum Vermittler sprechen**
- **Der Vermittler darf, wenn nötig, unterbrechen.**

1) Sichtweise der einzelnen Konfliktparteien

Jedes Kind hat nun die Gelegenheit, den Streit aus seiner Sicht zu erzählen. Es bekommt dafür soviel Zeit, wie nötig ist, um alles zu sagen, was dazu gehört. Sie hören aktiv zu, d.h. Sie stellen Fragen nach den Gefühlen und Bedürfnissen und fassen das Gehörte zusammen. Das andere Kind hört in diesem Stadium nur zu. Es muss mit seinen Erwiderungen und Erzählungen warten, bis es selbst an der Reihe ist.

Frage:
„Was ist denn passiert?"

2) Konflikterhellung:
Verborgene Gefühle, Bedürfnisse, Hintergründe herausfinden

Nachdem beide Kinder ihre Sichtweise erzählt haben, können Sie die Kinder darin unterstützen, ihre mit dem Streit verbundenen Gefühle und Wünsche auszudrücken und den Hintergrund des Konflikts zu verstehen, indem Sie geeignete Fragen stellen:

Fragen:
„Wie hast du dich dabei gefühlt?"
„Wie ist es dir dabei ergangen?"

„Was wolltest du eigentlich erreichen?"
„Was wünschst du dir?"

„Wie stehst du zu ihm/ihr?"
„Wart ihr bisher befreundet?"

3) Problemlösung: Sammeln und Entwickeln von Lösungsmöglichkeiten

Wenn sich die Kinder in der vorangegangenen Phase annähern und verstehen konnten, überlegen Sie nun alle gemeinsam, wie die Lösung aussehen könnte. Für die Lösung sind alle am Streit Beteiligten gemeinsam verantwortlich.

Fragen:
„Was wünschst du dir von ihm/ihr für die Zukunft?“
„Was bist du selbst bereit zu tun?“

4) Übereinkunft

Zum Schluss einigen sich die Kinder auf Lösungsvorschläge und treffen eine Vereinbarung. Das Ganze können Sie in Form eines Vertrages festhalten, der von allen Beteiligten unterschrieben wird.

Fragen:
„Was wollt Ihr vereinbaren?“
„Was bist du bereit zu tun, falls du die Vereinbarung brichst?“

Auseinandersetzungen mit uns selbst

Wir können auch einen Konflikt in uns selbst verspüren, wenn wir vermeintlich gegensätzliche Bedürfnisse in uns wahrnehmen, wie beispielsweise das Bedürfnis nach Sicherheit auf der einen Seite und auf der anderen Seite den Wunsch nach Freiheit und Abenteuer. Beide Anteile können gleich stark in unserer Brust miteinander kämpfen. Kinder erleben solche inneren Konflikte täglich. Einerseits sehnen sie sich z. B. nach unserer Liebe, nach Geborgenheit und Anerkennung – und andererseits wünschen sie sich Selbständigkeit, Selbstbestimmung und Unabhängigkeit.
Wenn Sie so einen inneren Konflikt bei Ihrem Kind erahnen, können Sie ihm die folgende Geschichte erzählen:

Die Geschichte eines weisen Indianers

Ein alter Indianer erzählte seinem Enkelsohn über einen Kampf, der in seinem Inneren tobte.

Er sagte: *„Zwei Wölfe kämpfen in meinem Herzen miteinander. Der eine Wolf ist wütend, neidisch, geizig, arrogant, verlogen, hinterhältig, voller Selbstmitleid, verschlossen, aggressiv....*
Der andere Wolf ist aufrichtig, einfühlsam, großzügig, freundlich, liebevoll, fröhlich, voller Vertrauen, offen, friedlich ...“

Der Enkelsohn dachte einen Moment darüber nach und fragte dann seinen Großvater:
„Welcher Wolf gewinnt?“

„Der Wolf, den ich füttere.“

Kapitel 8: Das Wichtigste in Kürze

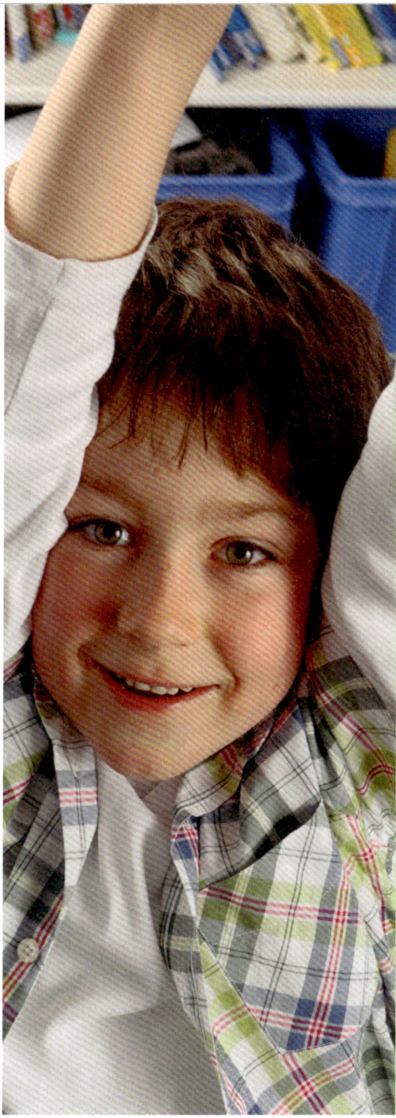

- In der gewaltfreien Konfliktlösung geht es nicht darum, die eigenen Vorstellungen durchzusetzen, sondern darum, einen einfühlsamen Kontakt zu seinem Gegenüber aufzubauen und eine Lösung zu finden, in der beide Bedürfnisse berücksichtigt werden.
- Das Konfliktlösungsgespräch beinhaltet vier Stufen:
  1) *„Was ist denn passiert?“*
  2) *„Wie hast du dich gefühlt?“*
     „Was wolltest du erreichen?“
  3) *„Was wünschst du dir von ihm/ihr für die Zukunft?“*
     „Was bist du selbst bereit zu tun?“
  4) *„Was wollt Ihr vereinbaren?“*

<u>Botschaft an Sie als Eltern:</u>

Wie wäre es für Sie, wenn Sie ab jetzt Ihre Konflikte einfühlsam und friedlich lösen?

9

So werden Sie Positiv-Botschafter

„Geringes Wissen, das tatkräftig angewendet wird, ist unendlich viel mehr wert als großes Wissen, das brach liegt."

(Khalil Gibran)

Positive Botschaften senden kann spielend einfach sein

Sie haben im Laufe dieses Buches viele Anregungen gefunden, wie Sie auf respektvolle und einfühlsame Weise mit Ihren Kindern sprechen können. Wenn Sie nun beginnen – was Sie vermutlich schon längst während des Lesens getan haben – Ihrem Kind neue, positive Botschaften zu vermitteln, mögen Ihnen diese anfänglich vielleicht noch etwas steif und unspontan erscheinen. Aber halten Sie durch! Sie werden durch eine vertrauensvolle Beziehung zu Ihrem Kind belohnt.

Sie wissen jetzt, wie Sie respektvoll und erfolgreich (in Bezug auf Ihre Werte) mit Ihrem Kind kommunizieren können. Nun bedarf es nur noch der Übung, damit Ihnen die neue Sprache mit ihren positiven Botschaften flüssig und ohne darüber nachdenken zu müssen über die Lippen kommt. Dafür lege ich Ihnen das spielerische Üben mit den Glückskarten ans Herz.

Schon bald werden Sie erleben, wie Ihr Kind seine eigenen Gefühle und Bedürfnisse zum Ausdruck bringt, wie es aufblüht und sich zu einer starken, aufgeschlossenen Persönlichkeit entwickelt – zu einem wahren Glückskind.

Mit dem Karten-Set am Ende dieses Buches erhalten Sie einen großen Schatz an positiven Botschaften, die das Unterbewusstsein direkt ansprechen und auf Kinder (und auch auf Erwachsene!) eine große Wirkung haben. Sie können die positiven Botschaften sowohl Kindern ab ihrem ersten Lebenstag als auch all jenen Menschen sagen, deren Wohlergehen Ihnen am Herzen liegt. Natürlich haben die Sätze auch auf Sie selbst eine positive und stärkende Wirkung.

Die Wirkung der Botschaften können Sie noch erhöhen, indem Sie Ihrem Kind in die Augen sehen, es anlächeln oder berühren, während Sie den Satz sagen. Erinnern Sie sich aber bitte: Das Wichtigste ist, dass die Aussage von Herzen kommt und Sie nur sagen, was Sie auch wirklich meinen. Versuchen Sie nicht, sich fröhlich oder liebevoll zu geben, wenn Sie sich nicht so fühlen. Besonders Kinder können Ihre tatsächliche Stimmung spüren und sind nur verwirrt und verunsichert, wenn Sie diese überspielen.

Um einen ersten Eindruck von den positiven Botschaften zu gewinnen, sollten Sie die Karten erst einmal lesen. Anschließend können Sie je nach Bedarf eine oder mehrere Karten ziehen, um sich Ideen für neue positive Botschaften zu holen.

Darüber hinaus ist es sinnvoll, das Äußern der positiven Botschaften zu üben, damit sie in Ihrem Alltag dauerhaft einen Platz finden. Eine neue Art der Kommunikation will ebenso trainiert werden wie ein Muskel, der bei einer neuen Sportart gebraucht wird.
Die folgenden 25 Spiele werden Sie dabei unterstützen, auf leichte und spielerische Art selbst positive Botschaften zu formulieren. Sie können die Spielvariationen auch gemeinsam mit Ihren Kindern (ab 8 Jahre) spielen.
Sie werden feststellen, dass schon kleine Kinder großes Interesse an Kommunikation entwickeln, wenn ihnen gezeigt wird, wie viel Zauberkraft unsere Sprache entfalten kann. Und Sie werden sich wundern, wie leicht es ist, positive Botschaften auszusenden.

25 Glückskarten-Spiele

Für große und kleine Menschen ab 8 Jahren

Diese Spiele könnt Ihr allein, mit anderen Kindern und mit euren Eltern spielen. Trennt dazu die Glückskarten am Ende des Buches heraus, damit ihr sie als Spielkarten verwenden könnt.

Allein spielen

Glückskarte des Tages
Ziehe am Morgen eine Glückskarte. Im Laufe des Tages sagst du dir selbst oder anderen die Botschaften, die auf deiner Karte stehen. Du wirst dich vielleicht wundern, dass du dich selbst und andere so leicht glücklich machen kannst.

Glücksbotschaften
Ziehe eine Karte und bilde mit dem Satzanfang dieser Karte mindestens fünf weitere positive Botschaften. Es könnte durchaus sein, dass du ein besonders begabter Glücksbotschaften-Erfinder bist.

Abendritual
Wähle aus deinen Glückskarten deinen Lieblingssatz aus, der dich darin bestärkt so zu sein, wie du sein möchtest. Sage dir diesen Satz jeden Abend vor

dem Einschlafen oder lass ihn dir von deinen Eltern oder Geschwistern sagen. Letztendlich wirst du bemerken, dass du genau richtig bist, wie du bist.

Traumprüfung

Wähle vor einer Prüfung oder einer Klassenarbeit den Satz von den Glückskarten aus, von dem du spontan glaubst, dass er dir hilft, die Prüfung mit Leichtigkeit zu bestehen. Natürlich kannst du dir auch einen eigenen Spruch ausdenken. Schreibe diesen Satz jeweils auf mindestens 10 bunte Zettel und hänge diese an allen Stellen in deinem Zimmer oder in der Wohnung auf, auf die dein Blick besonders häufig fällt. Je öfter du deine persönliche Traumprüfungs-Botschaft liest, desto leichter wird dir die Prüfung fallen. Vielleicht wird es ja deine richtige Traumprüfung.

Schatzkiste

Bastle dir aus einem Schuhkarton oder einem anderen Material deine persönliche Schatzkiste. Schreibe dann jeweils einen Satz, der dir besonders gut gefällt, von einer Glückskarte ab. Am besten eignet sich dafür ein farbiges Kärtchen. Wenn du magst, kannst du dir auch zusätzliche positive Sätze ausdenken und aufschreiben. Je mehr Sätze du aufschreibst, desto größer wird dein Schatz sein. Anschließend füllst du deine Schatzkiste mit diesen „Schatzkarten". Es ist gut möglich, dass dir die Schatzkarten den Weg zum Glück weisen.

Perlenkette

Ziehe eine schöne Perlenkette auf. Wähle einen Satz von den Glückskarten aus, der dir besonders gut gefällt und der dich am besten darin unterstützen kann, dir deinen Herzenswunsch zu erfüllen. Immer wenn du deine Zauberkette berührst oder die Perlen durch die Finger gleiten lässt, sage dir diesen Satz. Eines Tages stellt du fest, dass du dir deinen Wunsch mit Freude erfüllt hast.

Wunschbuch

Wähle ein leeres Heft oder ein kleines Buch, das du schön verzierst, bemalst oder beklebst. In dieses Buch schreibst du alle deine Herzenswünsche und Traumziele. Du kannst auch zu jedem Traum ein Bild malen. Lies dir nun jeden Tag eines deiner Ziele durch und ziehe im Anschluss eine Glückskarte. Formuliere mit dem Satzanfang dieser Karte einen Satz, der dir zusätzlich Kraft und Mut gibt, dein Ziel zu erreichen. Diesen Satz sagst du dir von nun an so oft wie möglich (z. B. nach dem Aufwachen, an einer roten Ampel, in der Pause usw.). Früher oder später wirst du dein Traumziel erreicht haben.

Glücksseife

Wähle ein schönes, gut duftendes Stück Seife als deine persönliche Glücksseife. Ziehe eine Karte und formuliere mit deren Satzanfang eine positive Botschaft für dich selbst. Immer wenn du dir nun die Hände wäschst, sage dir deine Botschaft. Achte ab jetzt darauf, wie oft du in deinem Leben Glück hast.

Zauberkerze

Wähle einen guten Platz für deine Kerze. Ziehe drei Karten und lies dir alle Sätze durch. Der Spruch, der dir am besten gefällt, wird für die nächste Zeit dein persönlicher Glücksspruch sein. Zünde ab jetzt jeden Tag deine Zauberkerze im Beisein eines Erwachsenen an und sage dir deinen Zauberspruch mindestens drei Mal. Je öfter du ihn dir sagst, desto schneller zeigt er seine Wirkung. Schon bald wirst du feststellen, dass du dich selbst verzaubern kannst.

Schutzengel

Bastle aus Pappe, Goldfolie oder einem anderen Material einen Engel. Anschließend wählst du einen Satz von den Glückskarten aus, der dir ein Gefühl der Sicherheit vermittelt. Schreibe diesen Satz auf ein schön verziertes Kärtchen. Dieses Kärtchen wird mit zwei kleinen Löchern versehen, durch die du eine dünne Schnur ziehst. Nun kannst du das Kärtchen dem Engel um den Kopf hängen. Wähle einen Ort für deinen Schutzengel aus, an dem er dich besonders häufig daran erinnern kann, dass du immer beschützt wirst.

Glückstee

Bereite dir eine Tasse deines Lieblingstees zu, mache es dir ganz bequem und denke an eine Situation, in der du sehr glücklich warst. Ziehe nun eine Karte und bilde mit deren Satzanfang einen Satz, der dieses Glücksgefühl beschreibt. Sage dir diesen Satz (laut oder leise) bei jedem folgenden Schluck Tee. Sehr schnell wirst du bemerken, dass dein Glückstee dich glücklich machen kann.

Geschenkidee

Lass dich von den vorangegangenen Vorschlägen inspirieren und bastle ein Geschenk für jemanden, dem du eine Freude bereiten möchtest. Du kannst beispielsweise eine Teepackung oder einen Teebeutel mit einem bunten, schön verzierten Zettel versehen, auf den du deine persönliche Botschaft schreibst. Ziehe dafür eine Karte und bilde mit deren Satzanfang eine positive Botschaft, von der du denkst, dass sie dem Beschenkten gut tut. Wenn du magst, kannst du auch eine kleine Gebrauchsanleitung dazu schreiben. Es ist möglich, dass du jemandem auf diese Weise eine ganz besondere Freude bereitest.

Schriftsteller

Bilde einen Stapel von mindestens 10 Glückskarten und beginne deine Geschichte z. B. mit *„Es war einmal …“* oder *„Vor gar nicht langer Zeit …“* aufzuschreiben. Nimm dann jeweils eine Karte von dem Stapel und baue einen Satz von dieser Karte in deine Geschichte ein. Vielleicht hast du auch Lust, eine Gute-Nacht-Geschichte zu schreiben, die du dir abends vorlesen lässt. Du kannst dir sicher sein, dass deine Geschichte einzigartig sein wird.

Kristallkugel

Lege mindestens zehn Karten verdeckt in Kreisform um ein Glas (Es kann auch eine Murmel sein). Stelle dir nun selbst eine Frage, die dich gerade besonders beschäftigt. Obwohl die Rückseite aller Karten gleich aussieht, wird eine Karte ein ganz besondere Anziehungskraft auf dich ausüben. Diese Karte nimmst du. Nun lies den Satzanfang, schaue in die Kristallkugel und bilde mit dem Satzanfang die Antwort, die dir auf Anhieb einfällt. Je unpassender der Satzanfang ist, desto interessanter kann die Antwort sein.

Zu zweit spielen

Handpuppe

Eine Handpuppe sagt all die Dinge, die man braucht, um sich geliebt, wertgeschätzt und unterstützt zu fühlen. Dafür nimmt ein Spieler die Handpuppe und lässt die Puppe möglichst viele Glücksbotschaften sagen, die den Spielpartner aufmuntern, bestärken und ermutigen. Der andere Spieler darf sich beschenken lassen und genießen.

Telefonhypnose

Lege den Kartenstapel neben das Telefon. Ziehe während des nächsten Telefongesprächs mindestens eine Karte und lass deren Satzanfang mit einer positiven

Botschaft in dein Gespräch einfließen. Es könnte sein, dass sich dein Gesprächspartner sehr über deine nette Botschaft freut.

Liebeszauber
Setze dich mit einem vertrauten Freund oder einer guten Freundin zusammen. Versetzt euch gedanklich an einen schönen Ort und stellt euch vor, dass euer Spielpartner derjenige ist, den ihr attraktiv findet oder in den ihr verliebt seid. Jeder erhält nun einen Stapel Karten. Mit den auf den Karten vorgegebenen Satzanfängen macht ihr euch gegenseitig Komplimente. Auch Flirten ist erlaubt. Es ist gut möglich, dass euer Traumprinz oder eure Traumprinzessin euch schon bald bezaubernd findet.

Party-Gepräche
Teilt die Glückskarten gleichmäßig unter euch auf. Stellt euch vor, ihr seid auf einer Party und ihr lernt jemanden kennen, der euch sympathisch ist. Nun beginnt ihr ein Gespräch über ein alltägliches oder aktuelles Thema. Während des Gesprächs nehmt ihr immer wieder abwechselnd eine Karte auf und baut einen Satz auf dieser Karte in das Gespräch ein. Beendet eure Unterhaltung, wenn alle Karten aufgebraucht sind. Es wäre nicht verwunderlich, wenn ihr mit diesem Spiel wahre Meister in Party-Gesprächen werdet.

Tipp:

Alle Ideen, wie du die Glückskarten allein anwenden kannst, lassen sich auch hervorragend zu zweit durchführen.

In der Gruppe spielen

Glückswettbewerb
Ein Spieler zieht eine Karte. Deren Satzanfang wird laut vorgelesen. Zu diesem soll nun jeder Mitspieler innerhalb von drei Minuten so viele Beispielsätze wie möglich formulieren. Wichtig ist, dass jeder Satz eine **positive** Botschaft enthält. Wer nach drei Minuten die meisten Sätze aufgeschrieben hat, ist der glückliche Gewinner.

Spielewerkstatt
Teilt die Gesamtgruppe in Dreiergruppen auf. Innerhalb von 15 Minuten denkt sich nun jede Kleingruppe eine neue Spielvariante oder Anwendungsmöglichkeit für die Glückskarten aus. Wenn die 15 Minuten um sind, stellt jede Gruppe ihr neues Spiel der Gesamtgruppe vor. Im Anschluss dürft ihr alle neuen Glücksspiele ausprobieren.

Flaschendrehen
Alle Spieler setzen sich in einem Kreis zusammen. Eine Flasche wird in die Mitte des Kreises gelegt und jeder Spieler erhält eine Glückskarte. Der, der beginnen möchte, dreht nun die Flasche und formuliert mit Hilfe des Satzanfangs auf seiner Karte eine Botschaft für den Spieler, auf den die Flasche zeigt. Anschließend ist der Spieler, der die Botschaft empfangen hat, an der Reihe. Höchstwahrscheinlich werdet ihr alle viel Spaß bei diesem Spiel haben.

Stille Post
Ihr setzt euch in einem Kreis zusammen und legt den Stapel Glückskarten in die Mitte des Kreises. Wer beginnen möchte, zieht eine Glückskarte und formuliert eine eigene positive Botschaft mit dem Satzanfang der Karte. Diesen flüstert er seinem rechten Nachbarn ins Ohr. Die Botschaft wird genauso leise weitergegeben, bis sie jeder im Kreis ein Mal gehört hat. Der letzte Spieler in der Runde muss den Satz, der bei ihm angekommen ist, laut sagen. Anschließend ist der Nächste an der Reihe.

Magischer Königsthron
Aller Spieler setzen sich im Kreis zusammen und erhalten jeweils eine Glückskarte. In der Mitte des Kreises steht ein Königsthron. (Das könnte ein Stuhl sein, über den ein buntes Tuch oder ein schönes Kissen gelegt wird.) Der erste Spieler in der Runde darf sich nun auf den Thron setzen und eine Situation aus seinem Leben oder ein Ziel schildern, für das er sich beispielsweise Mut, Selbstvertrauen, Kraft, Freude usw. wünscht. Nacheinander formulieren jetzt alle Gruppenmitglieder mit den Satzanfängen der Karten eine Botschaft, in der die gewünschten Qualitäten genannt werden. Dann werden die Karten gemischt und neu verteilt. Nun darf sich der Nächste auf den Thron setzen und genießen.

Geschichtenerzähler

Ihr setzt euch alle in einem Kreis zusammen – und jeder von euch zieht eine Glückskarte. Nun beginnt jeder Spieler mit Hilfe seiner Karte, eine Geschichte zu erzählen, indem er einen Satz mit dem Satzanfang auf der Karte bildet. Der nächste Mitspieler setzt die Geschichte mit einem weiteren Satz, den er mit Hilfe seiner Karte formuliert, fort. Das wird so lange fortgeführt, bis der letzte Spieler die Geschichte abschließt. Ihr werdet staunen, was ihr für spannende oder lustige Geschichten erfinden könnt.

Rollenspiel

Denkt euch eine Situation aus, in der euch die Botschaften auf den Glückskarten unterstützen könnten (z.B. wenn man jemanden ermutigen, aufmuntern oder überzeugen möchte). Jeder Spieler erhält 3 bis 5 Glückskarten, deren Botschaften er im Laufe des folgenden Gesprächs anwenden darf. Nun verteilt ihr die Rollen und spielt die Situation mit Hilfe der Glücksbotschaften durch. Es könnte sein, dass ihr viele neue Möglichkeiten entdeckt, wie man sich verhalten kann.

Tipp:

Viele Spiele, die unter „Allein spielen“ und „Zu zweit spielen“ aufgeführt sind, lassen sich auch sehr gut in der Gruppe durchführen. Vielleicht habt ihr ja auch noch viele eigene Ideen. Lasst eurer Phantasie freien Lauf.

Kleine „Wortschatzkiste“

Sucht Euch aus der folgenden „Wortschatzkiste“ die positiven Begriffe heraus und erfindet eigene Glückskarten. So könnt ihr euer Spielmaterial laufend erweitern und dabei auch eigene neue Spiele erfinden

Gefühle-Wortschatz

Wie wir uns wahrscheinlich fühlen, wenn unsere Bedürfnisse erfüllt sind

angenehm	fasziniert	liebevoll
ausgeglichen	freundlich	locker
befreit	friedlich	munter
begeistert	fröhlich	mutig
behaglich	froh	optimistisch
berührt	gelassen	ruhig
beruhigt	gespannt	selbstsicher
beschwingt	gerührt	sicher
bewegt	glücklich	überglücklich
entschlossen	gutgelaunt	überrascht
entspannt	heiter	überwältigt
entzückt	hocherfreut	unbekümmert
erfreut	hoffnungsvoll	unbeschwert
erfrischt	inspiriert	vergnügt
erfüllt	kraftvoll	verliebt
ergriffen	klar	wach
erleichtert	lebendig	zufrieden
erstaunt	leicht	zuversichtlich

Wie wir uns wahrscheinlich fühlen, wenn unsere Bedürfnisse nicht erfüllt sind

ängstlich
ärgerlich
alarmiert
angeekelt
angespannt
apathisch
ausgelaugt
bedrückt
besorgt
deprimiert
dumpf
durcheinander
einsam
elend
enttäuscht
erschöpft
erschrocken
erstarrt
frustriert
gelähmt
gelangweilt
genervt
hilflos
irritiert
lustlos
miserabel
müde
mutlos
nervös
schlapp
schüchtern
schockiert
sorgenvoll
streitlustig
teilnahmslos
unglücklich
unbehaglich
ungeduldig
unruhig
unzufrieden
verärgert
verbittert
verspannt
verzweifelt
wütend

Bedürfnis-Wortschatz

Akzeptanz
Autonomie
Bewegung
Ehrlichkeit
Empathie
Feiern
Freude
Frieden
Geborgenheit
Harmonie
Inspiration
Klarheit
Körperkontakt
Kreativität
Liebe
Nähe
Nahrung
Ordnung
Respekt
Rücksichtnahme
Selbstwert
Sexualleben
Sicherheit
Sinn
Unterstützung
Vertrauen
Verständnis
Wertschätzung
Zugehörigkeit
Zur Bereicherung des Lebens beitragen

Positiv-Botschaften

- *„Es geht!"*
- *„Du kannst es!"*
- *„Du schaffst es!"*
- *„Es steht dir zu!"*
- *„Du hast immer eine Wahl!"*
- *„Du bist ein Glückskind!"*

LITERATUR-HINWEISE

Bandler, Richard u. Grinder, John: Patterns. **Muster der hypnotischen Techniken Milton H. Ericksons.** Junfermann. Paderborn. 2005.

Biddulph, Steve: **Das Geheimnis glücklicher Kinder.** Wilhelm Heyne. München. 1999.

Eberwein, Werner u. Schütz, Gerhard: **Die Kunst der Hypnose.** Junfermann. Paderborn. 1996

Garnitschnig, Johann B. u. Ganster, Maximilian: **Hypno-Card.** Junfermann. Paderborn. 2001.

Gordon, Thomas: **Familienkonferenz.** Hoffmann und Campe. Hamburg. 1972.

Haug-Schnabel, Gabriele u. Schmid-Steinbrunner, Barbara: **Wie man Kinder von Anfang an stark macht.** Oberstebrink. Ratingen. 2002.

Levine, Peter A.: **Trauma – Heilung.** Synthesis. Essen. 1998.

Liebich, Daniela u. Garnett-von der Neyen, Sylvia: **Wie Sie Ihr Kind erfolgreich fördern.** Oberstebrink. Ratingen. 2007.

Maaß, Evelyne u. Groth, Sabine u.a.: **Von Ärgermäusen und Zauberjacken.** VAK. Kirchzarten. 2004.

Maslow, A.: **Motivation und Persönlichkeit.** Rowohlt. Reinbek. 2002.

Rosenberg, Marshall B.: **Gewaltfreie Kommunikation. Eine Sprache des Lebens.** Junfermann. Paderborn. 2005.

Rosenberg, Marshall B.: **Erziehung, die das Leben bereichert.** Junfermann. Paderborn. 2005.

Rosenberg, Marshall B.: **Das können wir klären!** Junfermann. Paderborn. 2004.

Rosenberg, Marshall B. und Seils, Gabriele: **Konflikte lösen durch Gewaltfreie Kommunikation.** Herder spektrum. Freiburg. 2004.

Die richtigen Eltern-Ratgeber für die wichtigen Jahre

Entwicklung und Erziehung

978-3-934333-33-8

978-3-934333-34-5

978-3-934333-35-2

978-3-934333-37-6

978-3-934333-11-6

978-3-934333-07-9

Gesundheit

978-3-934333-28-4

978-3-934333-29-1

978-3-934333-13-0

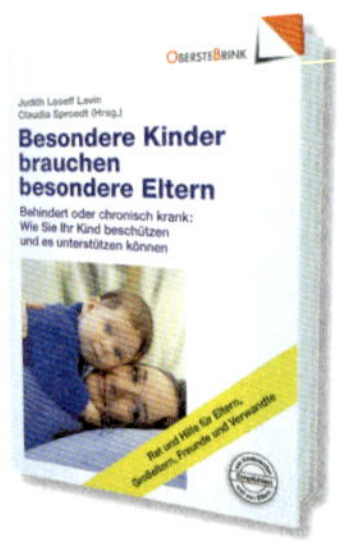

978-3-934333-14-7

978-3-934333-08-6

978-3-934333-05-5

OBERSTEBRINK
ELTERN-BIBLIOTHEK

Kindergarten und Schule

978-3-934333-36-9

978-3-934333-19-2

978-3-934333-12-3

978-3-9804493-2-8

Familie

978-3-934333-16-1

978-3-9804493-6-6

978-3-934333-32-1

978-3-934333-26-0

978-3-934333-27-7

978-3-934333-01-7

978-3-934333-38-3

978-3-934333-06-2

Die Glückskarten

10

Mit den folgenden Glückskarten könnt ihr die Glückskarten-Spiele aus Kapitel 9 spielen. Trennt sie heraus – und ihr habt euer Kartenspiel. Auf der Rückseite jeder Karte ist Platz für Eure eigenen Formulierungen. Jeder von euch wird bestimmt eigene Sätze erfinden – für Dinge, die ihm persönlich besonders wichtig sind.

Viel Spass und viel Erfolg – beim Spielen und im Leben.

Irgendwann …

- Irgendwann wirst du erkennen, dass du genau richtig bist, wie du bist.
- Irgendwann wirst du bemerken, dass du ein ganz besonderer Mensch bist.
- Irgendwann wird es dir gelingen, auf schwierige Situationen zurückzublicken und darüber zu lachen.

Was geschieht, wenn du … ?

- Was geschieht, wenn du jeden Tag etwas Neues lernst?
- Was geschieht, wenn du dich einfach entscheidest, etwas Neues auszuprobieren?
- Was geschieht, wenn du genau so bist, wie du sein möchtest?

Vielleicht hast du noch nicht bemerkt, …

- Vielleicht hast du noch nicht bemerkt, wie stark du wirklich bist.
- Vielleicht hast du noch nicht bemerkt, dass alles, was in deinem Leben passiert, zu deinem höchsten Wohl geschieht.
- Vielleicht hast du noch nicht bemerkt, dass heute ein besonders guter Tag ist.

Du selbst kannst dir die Erlaubnis geben, …

- Du selbst kannst dir die Erlaubnis geben, alle deine Stärken zu zeigen.
- Du selbst kannst dir die Erlaubnis geben, dich heute besonders gut zu fühlen.
- Du selbst kannst dir die Erlaubnis geben, dich noch attraktiver zu finden.
- Du selbst kannst dir die Erlaubnis geben zu sagen, wenn dir etwas nicht gefällt.

Was geschieht, wenn du … ?

Irgendwann …

Du selbst kannst dir die Erlaubnis geben, …

Vielleicht hast du noch nicht bemerkt, …

Wie wäre es für dich, wenn ... ?

- Wie wäre es für dich, wenn du dich stark und sicher fühlst?
- Wie wäre es für dich, wenn du immer von einem Schutzengel beschützt wirst?
- Wie wäre es für dich, wenn du immer neue Stärken und Fähigkeiten an dir entdecken würdest?

Es hilft dir vielleicht zu hören, dass ...

- Es hilft dir vielleicht zu hören, dass dieses Problem lösbar ist.
- Es hilft dir vielleicht zu hören, dass es dir schon bald wieder sehr gut gehen wird.
- Es hilft dir vielleicht zu hören, dass du gestärkt aus dieser Situation hinausgehen wirst.
- Es hilft dir vielleicht zu hören, dass du alles, was du brauchst, bereits in dir hast.

Du wunderst dich vielleicht, wie leicht es ist, ...

- Du wunderst dich vielleicht, wie leicht es ist, neue Freundschaften zu schließen.
- Du wunderst dich vielleicht, wie leicht es ist, neue Möglichkeiten auszuprobieren.
- Du wunderst dich vielleicht, wie leicht es ist, deine Träume zu verwirklichen.

Ich frage mich, ...

- Ich frage mich, ob du eigentlich weißt, dass du besonders liebenswert bist.
- Ich frage mich, wann du bereit bist, etwas dafür zu tun, damit ihr euch wieder vertragt.
- Ich frage mich, ob du jedem deiner Freunde von diesem Kartenspiel erzählst.

Es hilft dir vielleicht zu hören, dass …

-
-
-
-

Wie wäre es für dich, wenn … ?

-
-
-
-

Ich frage mich, …

-
-
-
-

Du wunderst dich vielleicht, wie leicht es ist, …

-
-
-
-

Du bist …

- Du bist ein Glückskind!
- Du bist genau richtig, wie du bist!
- Du bist wundervoll!
- Du bist jeder Aufgabe, die dir das Leben stellt, gewachsen!

Während …, kannst du …

- Während du dir die Zähne putzt, kannst du dich an ein schönes Erlebnis erinnern.
- Während du frühstückst, kannst du dich auf den kommenden Tag freuen.
- Während ich abwasche, kannst du dir überlegen, welche Kleinigkeiten dein Leben noch schöner machen könnten.

Ich bin gespannt, ob du …

- Ich bin gespannt, ob du dich für diese Aufgabe begeistern wirst.
- Ich bin gespannt, ob du bereit bist, nach einem Streit einen Schritt auf den anderen zuzugehen.
- Ich bin gespannt, ob du dieses Spiel als Geheimtipp weiterempfehlen wirst.

Du kannst dich entscheiden, …

- Du kannst dich entscheiden, ob du heute schon die gewünschten Veränderungen vornehmen wirst oder erst morgen.
- Du kannst dich entscheiden, alle deine Stärken und Fähigkeiten zu zeigen.
- Du kannst dich entscheiden, was du zuerst tust: abwaschen oder aufräumen.

Während ..., kannst du ...

-
-
-
-

Du bist ...

-
-
-
-

Du kannst dich entscheiden, ...

-
-
-
-

Ich bin gespannt, ob du ...

-
-
-
-

Du kannst ..., (Pause) ... wenn du dich dafür entscheidest.

- Du kannst immer neue verborgene Schätze in dir finden, ... wenn du dich dafür entscheidest.
- Du kannst bestimmten Menschen zeigen, dass du sie sehr magst, ... wenn du dich dafür entscheidest.
- Du kannst dich mit einem Fingerschnipp verändern, ... wenn du dich dafür entscheidest.

Jeder Gedanke von dir kann dich darin unterstützen, ...

- Jeder Gedanke von dir kann dich darin unterstützen, deinem Herzenswunsch näher zu kommen.
- Jeder Gedanke von dir kann dich darin unterstützen, dich noch entspannter zu fühlen.
- Jeder Gedanke von dir kann dich darin unterstützen, dich liebenswert zu finden.

Manche Menschen finden es leicht, ...

- Manche Menschen finden es leicht, ihre Ziele mühelos zu erreichen.
- Manche Menschen finden es leicht, ihr Leben zu genießen.
- Manche Menschen finden es leicht, sich Unterstützung von anderen zu holen.

Du selbst kannst dir erlauben, ... Jetzt!

- Du selbst kannst dir erlauben, dich wunderschön zu finden. Jetzt!
- Du selbst kannst dir erlauben, selbstbewusst durchs Leben zu gehen. Jetzt!
- Du selbst kannst dir erlauben, dich stark zu fühlen. Jetzt!

Jeder Gedanke von dir kann dich darin unterstützen, ...

-
-
-
-

Du kannst ..., (Pause) ... wenn du dich dafür entscheidest.

-
-
-
-

Du selbst kannst dir erlauben, ... Jetzt!

-
-
-
-

Manche Menschen finden es leicht, ...

-
-
-
-

Würdest du dich sehr wundern, wenn du ...?

- Würdest du dich sehr wundern, wenn du aus jeder Situation etwas lernst?
- Würdest du dich sehr wundern, wenn du es schaffst, deine Träume zu verwirklichen?
- Würdest du dich sehr wundern, wenn du eine Stärke an dir entdeckst, die du noch gar nicht bemerkt hast?

Es ist erstaunlich, ...

- Es ist erstaunlich, wie gut und stark du dich wirklich fühlen kannst.
- Es ist erstaunlich, wie leicht dir das Lernen fallen kann.
- Es ist erstaunlich, wie viele verborgene Schätze in dir ruhen und nur darauf warten, von dir entdeckt zu werden

Vielleicht weißt du ja schon, dass ...

- Vielleicht weißt du ja schon, dass du ein besonders liebenswerter Mensch bist.
- Vielleicht weißt du ja schon, dass alles, was in deinem Leben passiert, zu deinem höchstenWohl geschieht.
- Vielleicht weißt du ja schon, dass es möglich ist, sich von einem Tag auf den anderen zu verändern.
- Vielleicht weißt du ja schon, dass es möglich ist, an das zu glauben, was einem gut tut.

Es tut gut zu wissen, dass ...

- Es tut gut zu wissen, dass es für jedes Problem eine Lösung gibt.
- Es tut gut zu wissen, dass du eines Tages alles an dir vollkommen in Ordnung finden wirst.
- Es tut gut zu wissen, dass du immer von deinem Schutzengel begleitet wirst.

Es ist erstaunlich, …

-
-
-
-

Würdest du dich sehr wundern, wenn du …?

-
-
-
-

Es tut gut zu wissen, dass …

-
-
-
-

Vielleicht weisst du ja schon, dass …

-
-
-
-

Könntest du dir vorstellen, ... ?

- Könntest du dir vorstellen, in Zukunft all deine Stärken zu zeigen?
- Könntest du dir vorstellen, ab sofort anderen zu sagen, was du fühlst und was du brauchst?
- Könntest du dir vorstellen, dein Selbstvertrauen noch stärker werden zu lassen?

Es ist möglich, dass ...

- Es ist möglich, dass du ein Kind bist, das besonders geliebt wird.
- Es ist möglich, dass deine Wunden besonders schnell heilen.
- Es ist möglich, dass du viel Glück im Leben hast.

Je ..., desto ...

- Je öfter du übst,
  desto leichter wird dir diese Aufgabe fallen.
- Je entspannter du arbeitest,
  desto mehr gute Ideen wirst du haben.
- Je besser du dich selbst findest,
  desto anziehender bist du für andere

Ist dir schon aufgefallen, dass ... ?

- Ist dir schon aufgefallen, dass du wunderschön bist?
- Ist dir schon aufgefallen, dass du von vielen Menschen geliebt wirst?
- Ist dir schon aufgefallen, dass du ein großes Talent besitzt?

Es ist möglich, dass …

Könntest du dir vorstellen, … ?

Ist dir schon aufgefallen, dass … ?

Je …, desto …

Es ist vollkommen in Ordnung, wenn du …

- Es ist vollkommen in Ordnung,
  wenn du andere um Hilfe bittest.
- Es ist vollkommen in Ordnung,
  wenn du die Aufgabe in deinem Tempo löst.
- Es ist vollkommen in Ordnung,
  wenn du eine andere Meinung vertrittst als die anderen.

Es ist leicht, …

- Es ist leicht, die richtige Entscheidung zu treffen.
- Es ist leicht, das Leben zu genießen.
- Es ist leicht, Freunde zu gewinnen.
- Es ist leicht, sich gesund zu ernähren.

Du kannst, (Name), …

- Du kannst, (Name), diese Aufgabe mit Leichtigkeit meistern.
- Du kannst, (Name), dich noch tiefer entspannen.
- Du kannst, (Name), alles erreichen, was du willst.

Schon bald wirst du merken, dass …

- Schon bald wirst du merken,
  dass alles seinen Sinn in deinem Leben hat.
- Schon bald wirst du merken,
  dass dein Körper vollkommen in Ordnung ist.
- Schon bald wirst du merken,
  dass du ganz entspannt sein kannst.

Es ist leicht, ...

-
-
-
-

Es ist vollkommen in Ordnung, wenn du ...

-
-
-
-

Schon bald wirst du merken, dass ...

-
-
-
-

Du kannst, (Name), ...

-
-
-
-

… sagte mir einmal, …

- Eine Freundin sagte mir einmal, dass alles möglich ist.
- Mein Lehrer sagte mir einmal, dass es für jedes Problem eine Lösung gibt.
- Meine Großmutter sagte mir einmal, dass man in jedem Augenblick neu entscheiden kann, glücklicher zu sein.

Es wäre auch möglich, …

- Es wäre auch möglich, die gute Seite an dieser Situation zu sehen.
- Es wäre auch möglich, nach dem Guten in deinem Leben zu suchen und es überall zu finden, wo du hinschaust.
- Es wäre auch möglich, daran zu glauben, dass deine Zukunft wunderbar ist.

Es steht dir zu, …

- Es steht dir zu, Erfolg zu haben.
- Es steht dir zu, glücklich und zufrieden zu sein.
- Es steht dir zu, dass so viel Gutes in deinem Leben passiert.

Eines Tages wirst du erkennen, dass …

- Eines Tages wirst du erkennen, dass du stets zur richtigen Zeit am richtigen Ort bist.
- Eines Tages wirst du erkennen, dass das Leben all deine Träume unterstützt.
- Eines Tages wirst du erkennen, dass ständig etwas Gutes in deinem Leben geschieht.

Es wäre auch möglich, ...

•
•
•
•

... sagte mir einmal, ...

•
•
•
•

Eines Tages wirst du erkennen, dass ...

•
•
•
•

Es steht dir zu, ...

•
•
•
•

Vielleicht …

- Vielleicht schaffst du es ja schon heute, deine Angst wie einen Luftballon in die Luft steigen zu lassen und fortzuschicken.
- Vielleicht wird dir die nächste Klassenarbeit besonders leicht fallen.
- Vielleicht wirst du schon bald selbst die richtige Lösung für das Problem finden.

Früher oder später …

- Früher oder später wirst du voller Selbstvertrauen sein.
- Früher oder später wirst du auf deinen Körper hören.
- Früher oder später wirst du dich mögen, so wie du bist.

x Irgendwann wirst du bemerken, dass … x …

- Irgendwann wirst du bemerken,
  dass das Leben dich immer unterstützt.
- Irgendwann wirst du bemerken,
  dass immer genug für dich da ist.
- Irgendwann wirst du bemerken,
  dass alles, was du wirklich brauchst, zur richtigen Zeit kommt.

Höchstwahrscheinlich …

- Höchstwahrscheinlich wirst du schon bald bereit sein, dich zu verändern.
- Höchstwahrscheinlich wirst du jeder Situation gewachsen sein.
- Höchstwahrscheinlich wirst du das Leben immer schöner finden, je älter du wirst.

Früher oder später …

Vielleicht …

Höchstwahrscheinlich …

x Irgendwann wirst du bemerken, dass … x …

Wenn ..., dann ...

- Wenn du an dich glaubst, dann wird dir alles leichter fallen.
- Wenn du offen bist, dann wird das Leben viele schöne Überraschungen für dich bereithalten.
- Wenn du dem Leben vertraust, dann wirst du keine Angst mehr verspüren.

Manchmal ist es angenehmer, ...

- Manchmal ist es angenehmer, wenn man einem guten Freund von seinem Problem erzählt.
- Manchmal ist es angenehmer, wenn man die Grenzen anderer akzeptiert.
- Manchmal ist es angenehmer, wenn man „*nein*“ sagt.

Du darfst ...

- Du darfst dich frei entscheiden.
- Du darfst diese Aufgabe jetzt lösen.
- Du darfst dich jetzt entspannen.

Es kann sein, dass ...

- Es kann sein, dass du das nächste Mal deine Angst so klein wie eine Maus werden lässt.
- Es kann sein, dass du einen besonders guten Schutzengel hast.
- Es kann sein, dass du ein richtiges Glückskind bist.

Manchmal ist es angenehmer, ...

-
-
-
-

Wenn ..., dann ...

-
-
-
-

Es kann sein, dass ...

-
-
-
-

Du darfst ...

-
-
-
-

Letzten Endes ...

- Letzten Endes wirst du deinen Erfolg genießen.
- Letzten Endes wirst du feststellen, wie gut du wirklich bist.
- Letzten Endes wirst du bemerken, dass es dir zusteht.

Was würde passieren, wenn ...

- Was würde passieren, wenn du voller Vertrauen und Mut bist?
- Was würde passieren, wenn du regelmäßig deine Hausaufgaben machst?
- Was würde passieren, wenn du viel Sport treibst und dich noch gesünder ernährst?
- Was würde passieren, wenn du dich selbst noch mehr magst?

Du musst nicht ...

- Du musst nicht die Augen schließen, um noch tiefer zu entspannen.
- Du musst nicht sehr müde sein, um leicht einschlafen zu können.
- Du musst nicht ganz entspannt sein, um dich gut zu fühlen.

Möglicherweise ...

- Möglicherweise gelingt es dir, dein Selbstvertrauen so groß wie einen starken Tiger werden zu lassen.
- Möglicherweise hast du heute eine besonders gute Idee.
- Möglicherweise bist du immer gesund und voller Energie.

Was würde passieren, wenn ...

Letzten Endes ...

Möglicherweise ...

Du musst nicht ...

Vielleicht spürst du bereits, ...

- Vielleicht spürst du bereits, dass andere dich sehr mögen.
- Vielleicht spürst du bereits, dass es gut ist, an das zu glauben, was dir gut tut.
- Vielleicht spürst du bereits, dass du ein ganz besonderer Mensch bist.

Hast du schon einmal daran gedacht, ...?

- Hast du schon einmal daran gedacht, was du bereits alles geschafft hast?
- Hast du schon einmal daran gedacht, worauf du stolz sein kannst?
- Hast du schon einmal daran gedacht, wofür du dankbar sein kannst?
- Hast du schon einmal daran gedacht, wie viele Menschen dich mögen?

Vor einiger Zeit erzählte mir ..., dass ...

- Vor einiger Zeit erzählte mir eine alte Frau, dass das Leben jeden Tag ein Stückchen besser wird.
- Vor einiger Zeit erzählte mir mein Nachbar, dass alles gut wird, was noch nicht gut ist.
- Vor einiger Zeit erzählte mir eine Freundin, dass es keine Grenzen in Bezug darauf gibt, was du werden kannst.

Du ...!

- Du kannst es!
- Du schaffst es!
- Du hast es verdient!
- Du hast immer eine Wahl!

Hast du schon einmal daran gedacht, ...?

-
-
-
-

Vielleicht spürst du bereits, ...

-
-
-
-

Du ...!

-
-
-
-

Vor einiger Zeit erzählte mir ..., dass ...

-
-
-
-